# Rom

Werner Raith

VISION met-in

# Inhalt

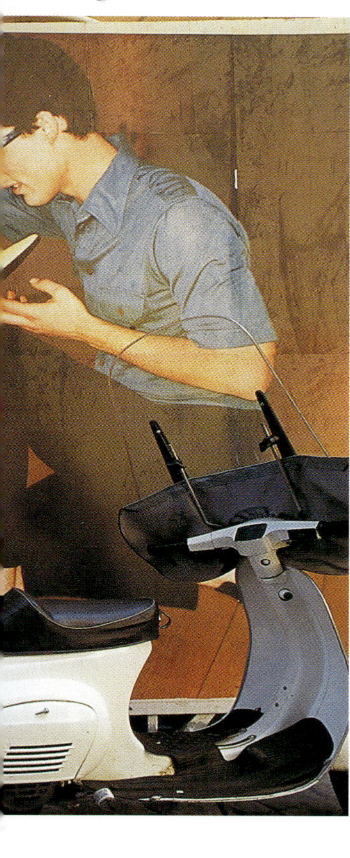

# Benv

»… auch ich liebe sie, liebe die alten Götter, liebe die Schönheit, die, lange in der Erde verborgen, wieder ans Licht kam, liebe das Maß und die glatte kühle Steinhaut der alten Gestalten, aber noch mehr liebe ich Rom, wie es lebt, wie es ist und mir sich zeigt, … ich liebe die Straßen, die Winkel, die Treppen, die stillen Höfe mit Urnen, Efeu und Laren und die lauten Plätze mit den tollkühnen Lambretta-

# enuti!

fahrern, ich liebe das Volk am Abend vor den Haustüren; seine Scherze, seine ausdrucksvollen Gesten, … ich liebe die rauschenden Brunnen mit ihren Meergöttern, Nymphen und Tritonen, ich liebe die Kinder auf dem Brunnenrand aus Marmelstein, die gaukelnden bekränzten grausamen kleinen Neronen, ich liebe das Drängen, Reiben, Stoßen, Schreien, Lachen und die Blicke auf dem Corso …«

So schwärmte Wolfgang Koeppen in den 1950er Jahren von Rom – wie viele Schriftsteller vor ihm und nach ihm.

Rom ist ein Mythos. Ob Roma Aeterna, Ewige Stadt, oder Caput Mundi, Zentrum der Welt – es sind nicht gerade kleine Titel, mit denen sich die italienische Hauptstadt schmückt und ihre weltgeschichtliche Bedeutung betont. Die Stadt am Tiber ist seit Jahrhunderten ein Sehnsuchtsziel von Reisenden aus aller Welt. Für Ruinenromantiker ist Rom mit seinen überwältigenden Monumenten der Antike ein Nabel der Weltkultur, für fromme Katholiken Pilgerziel und heilige Stadt und für Italienliebhaber der Inbegriff italienischen Lebensgefühls. Vielleicht ist es gerade das Nebeneinander dieser gegensätzlichen Elemente, das immer wieder fasziniert und Dichter zu poetischen Verklärungen veranlasst hat.

Ewige Stadt – weshalb Rom dieses Prädikat erhielt, weiß wohl niemand so genau. Vielleicht, weil die Metropole mehr als 2500 Jahre Geschichte in sich vereint, weil sie verheerende Barbareneinfälle, Plünderungen und Pestepidemien überstand und nach einem 1000 Jahre währenden Niedergang zu neuer Blüte gelangte? Vielleicht weil hier der Papst, das Oberhaupt der katholischen Kirche, residiert? Zyniker behaupten, ›ewig‹ sei in Rom nur eines: das Chaos.

Das ist nicht völlig von der Hand zu weisen, trotz mancher Ordnungsversuche, die insbesondere Ende der 1990er Jahre unternommen wurden. Dem Verkehr scheint nahezu jede Regel zu fehlen, Ladenschlusszeiten und Busfahrpläne gelten allenfalls über den Daumen gepeilt, Veranstaltungen beginnen kaum einmal zur vorgesehenen Zeit. Bald gelingt es sogar denjenigen Rombesuchern, die aus ganz und gar ordnungsliebenden Ländern kommen, sich in diesem netten Durcheinander hervorragend zurechtzufinden und es sogar zu lieben. Das ging schon den Statthaltern Karls des Großen so. Ihnen folgten Goethe, Humboldt, Seume oder englische Weltenbummler vom Schlage eines Lord Byron. In der Liste der Wahlrömer jüngerer Zeiten finden sich die Dichterin Ingeborg Bachmann oder die Schauspieler Klaus Kinski und Audrey Hepburn. Sie alle lernten, das Leben in Rom so zu ak-

**Die Ewige Stadt zu Füßen: Blick von Gianicolo auf Rom**

zeptieren, wie es ist – von einer geradezu unwirklichen Leichtigkeit, Kreativität und Improvisationsfreude, aber auch Freundlichkeit und Solidarität. Viele kommen nie wieder los von dieser Art der Römer, sie kehren immer wieder zurück oder träumen ein Leben lang von der Fülle und Dichte dessen, was sie hier erlebt haben.

In Rom vermischen sich in einmaliger Weise Weltstadtansprüche und eine geradezu liebevoll gehätschelte Provinzialität. Für die Wiege und das Zentrum Europas hält sich die Metropole und verweist auf Kontinuität vom römischen Imperium der Antike bis zur Gründungsurkunde der Europäischen Union, den ›Römischen Verträgen‹ – doch droht dem von hier aus regierten Italien ständig die Gefahr, infolge von Schlamperei und Misswirtschaft just aus diesem Europa herauszufallen. Das historische Zentrum Roms sowie die Vatikanstadt wurden von der UNESCO zum Weltkulturerbe erklärt, 40 % der Kulturgüter der Menschheit sollen hier lagern, doch die Stadt vernachlässigt die Pflege dieses Kulturschatzes, lässt ihn verfallen. Sie reklamiert die Großen der Kunst, des Films, des Theaters für sich, doch die aufsehenerregenden Ausstellungen finden in Venedig oder Florenz statt, die einst legendäre Cinecittà liefert nur noch TV-Seichtproduktionen, und in punkto Schauspiel hat Rom nicht einmal ein einziges festes Theaterensemble zu bieten. Auch in der Wissenschaft kommt die Stadt nicht über das Mittelmaß hinaus: Noch immer machen die ehrwürdigen Universitäten von Bologna oder Florenz und mittlerweile auch die von Mailand und Neapel mehr Furore als die drei staatlichen und neun kirchlichen Universitäten der italienischen Kapitale.

Die Ewige Stadt, heute immerhin von fast 3 Mio. Menschen bewohnt, rühmt sich ihrer Weltläufigkeit und Modernität: Sie empfängt unentwegt große Staatsmänner und Manager, sie zählt weltberühmte Zeitgenossen – aber natürlich ebensoviele Gestalten der Halbwelt – zu ihren Bürgern. Doch gibt es weder angesehene internationale Messen oder große Kongresse für die Fachwelt in Rom noch eine ausgeprägte Kulturszene, die diesen

**Römisches Chaos: Vespas gehören zum Straßenbild**

Namen verdiente. Dennoch – das größte Dorf der Welt, wie viele Römer ihre Stadt augenzwinkernd nennen, hat seinen eigenen, ganz unwiderstehlichen Charme. Dass Rom als Hauptstadt von Anfang an – von den italienischen Königen ebenso wie von Finanzmagnaten und Industriebaronen – nur widerwillig akzeptiert wurde, ist aus heutiger Sicht ein Glücksfall. Neugestaltung und Umstrukturierung wurden nämlich in der Tiberstadt eher lustlos in Angriff genommen, und während andere italienische Großstädte mit mancherorts trübsinnig stimmenden Auswirkungen den Erfordernissen von Industriali-

| | |
|---|---|
| **Lage:** | Rom liegt etwa auf halber Höhe des italienischen Stiefels am Fuße des vulkanischen Hügellandes von Latium und am Unterlauf des Tiber. Entfernung zum Meer: 23 km. |
| **Gründung:** | 753 v. Chr., heute offizielles Gründungsdatum, soll der legendäre Romulus die Stadt aus der Taufe gehoben haben. |
| **Größe:** | Das eigentliche Stadtgebiet umfasst 209 $km^2$, die Fläche der Großgemeinde Rom beträgt 1508 $km^2$. Mit nur ca. 44 ha ist die mitten in Rom gelegene, eigenständige Città del Vaticano der kleinste Staat der Welt. |
| **Bevölkerung:** | Offiziell 2,46 Mio. Einwohner, tatsächlich wohl an die 3,5 Mio. |
| **Verwaltungsstruktur:** | Rom gliedert sich in 22 innere Viertel, die *rioni*, und 35 äußere Bezirke, die *quartieri*. Es ist als Hauptstadt Italiens Sitz von Regierung und Parlament. |
| **Superlative:** | Laut UNESCO beherbergt das antike Zentrum des römischen Imperiums ca. 40% der Kulturgüter der Menschheit. |

**Römische Heiligkeit: Kirchenfürsten auf dem Weg zum Papst**

sierung und expandierendem Handel angepasst wurden, blieb die historische Substanz Roms recht gut erhalten. Und bis heute rühmt sich die Stadt zu Recht eines besonders sauberen und guten Wassers, das brunnenfrisch und ohne chemische Zusätze ins Haus kommt. Selbst aus den öffentlichen Trinkwasserbrunnen kann der durstige Spaziergänger an heißen Tagen – wie schon vor 2000 Jahren – das köstlich erfrischende Naß bedenkenlos genießen.

Die vielgerühmte *dolce vita*, das süße Leben, erwächst aus der unnachahmlichen Mischung aus Geschäftigkeit und Melancholie, Schönheit und Vernachlässigung, Eleganz und Schlamperei, die diese Stadt prägt. Wäre Mamma Roma nach modernen Maßstäben zu einer properen Hauptstadt zurechtgestutzt worden, dann hätte sie wohl den größten Teil ihres Zaubers eingebüßt. Einige Versuche hat es ja gegeben – man betrachte unter diesem Aspekt beispielsweise das Foro Italico der Faschisten. Doch ist es Rom und den Römern gelungen, die Vergangenheit auf dem Weg in die Moderne nicht abzustreifen, sondern sie wie selbstverständlich mitzunehmen. Und so wandert heute der Besucher – übrigens ein wichtiger Aspekt, das Erlaufen dieser Stadt: man geht und geht, Kilometer um Kilometer – staunend durch die Straßen und lässt sich einfangen vom harmonischen Nebeneinander, ja, häufig Ineinander von antiken Gebäuden, Säulen, Reliefs und Statuen, mittelalterlichen Kirchen, schmucken Brunnen und Palazzi der Renaissance und des Barock.

Hier findet man auf engstem Raum Stile verschiedener Epochen, kann über original römisches Straßenpflaster wandeln, in einem modernen Gebäude Reste eines antiken Tempels entdecken. Doch Rom ist mehr als antiker Zauber, es ist eine liebens- und lebenswerte Stadt, in der man die Nächte in urtümlichen Trattorien und die Tage auf lebhaft bevölkerten Piazze mit plätschernden Brunnen verstreichen lassen kann. Eine Stadt, in die sich eigentlich ein jeder wünscht zurückzukehren, so man sie denn verlassen muss. Eine Münze ins Wasser der Fontana di Trevi geworfen – und die Ewige Stadt wird Sie zu sich zurückholen.

Vatikan: Schweizergarde

| | |
|---|---|
| **11.–9. Jh. v. Chr.** | Erste Siedlungen entstehen auf dem Palatin. |
| **753–575 v. Chr.** | Das legendäre Gründungsdatum Roms ist der 21. April 753: Romulus markiert mit einem Pflug das Gebiet der Stadt. Als sein Bruder Remus über diese Furche springt, tötet ihn Romulus. Historisch bewiesen ist die Existenz Roms für das Jahr 575: Die Siedlungen auf den Hügeln, die aus einer sumpfigen Senke emporragen, schließen sich zusammen. |
| **575–509 v. Chr.** | Etruskische Könige beherrschen Rom. |
| **509–146 v. Chr.** | Ende der Etruskerherrschaft und Beginn der republikanischen Epoche. Nach den Zerstörungen, die der Einfall der Gallier verursacht, wird die Stadt im Zuge des Wiederaufbaus mit der Servianischen Mauer befestigt. In der Folgezeit erreichen die Plebejer eine Stärkung ihrer Rechte gegenüber den Patriziern. Der Unterwerfung der Nachbarvölker folgt die Expansion im Mittelmeerraum und die Herausbildung des römischen Weltreichs. Mit der Zerstörung Karthagos 146 v. Chr. beseitigt Rom seinen letzten großen Rivalen. |
| **146 v. Chr. –14 n. Chr.** | Beginn der Bürgerkriege; diese enden nach der Ermordung Cäsars (44 v. Chr.) mit dem Sieg des Augustus gegen Antonius im Jahr 30 v. Chr. Das Reich des Augustus, der 14 n. Chr. stirbt, umfasst den gesamten Mittelmeerraum, große Teile Europas sowie Nordafrika, Kleinasien und Teile Asiens. |
| **14–138** | Das Reich erreicht seine größte Ausdehnung. |

| | |
|---|---|
| **313** | Konstantin der Große erkennt das Christentum als Staatsreligion an und verlagert das Zentrum des Reichs nach Konstantinopel. Beginn des Abstiegs. |
| **5. Jh.** | Rom wird mehrfach überfallen und geplündert: 410 von den Westgoten, 455 von den Vandalen, 546 durch die Ostgoten. Das Reich zerfällt. |
| **8. Jh.** | Mit Unterstützung Karls des Großen stabilisieren die römischen Päpste ihre Macht. |
| **9.–14. Jh.** | Mehrere Plünderungen Roms. Versuche, sich von der päpstlichen Herrschaft zu befreien, scheitern. |
| **15.–17. Jh.** | Rom erlebt das Wiedererstarken des päpstlichen Einflusses. Kunstsinnige Renaissancefürsten auf dem Stuhl Petri holen die berühmtesten Künstler der Epoche in die Ewige Stadt. |
| **18. Jh.** | Zeit der Stagnation. Der Kirchenstaat verliert an Bedeutung. 1799 besetzen Napoleons Truppen Rom. |
| **19. Jh.** | Das Risorgimento (Wiedererstehen), die patriotische Bewegung zur Einigung Italiens, macht auch vor dem Kirchenstaat nicht halt. 1861 wird das Königreich Italien ausgerufen, dessen Hauptstadt Rom am 9. Okt. 1870 wird. |
| **20. Jh.** | Wirtschaftliche Probleme prägen den Beginn des 20. Jh. Auch der Erste Weltkrieg trägt zum Aufstieg des Faschismus in Italien bei: Kurz nach Mussolinis Marsch auf Rom (1922) kommt das faschistische Regime an die Macht. Es hält sich fast 20 Jahre – als es untergeht, ist Rom ›offene Stadt‹. |
| **2. Juni 1946** | Rom wird Hauptstadt der Republik Italien. |
| **ab 1993** | Unter Roms ›grünen‹ Bürgermeister Francesco Rutelli bemüht sich die Stadt erfolgreich um einen Ausbau des Verkehrsnetzes und des kulturellen Angebots, Verkehrsberuhigung der Innenstadt und Umweltschutz. |
| **2001** | Der Linksdemokrat und ehemalige Kulturminister Walter Veltroni löst Rutelli auf dem Kapitol ab. |
| **2002** | Eröffnung des größten Auditoriums Italiens, das von Stararchitekt Renzo Piano anstelle eines von Mussolini zerstörten Konzertsaals im Stadtteil Flaminio errichtet wurde. |

**Alltag:** Die wichtigste Regel in allen Lebenslagen lautet: Nichts überstürzen! Auch wenn Sie zunächst einen anderen Eindruck gewonnen haben – lassen Sie sich vom Erlebnis südlichen Temperaments, verblüffender Spontaneität und großstadttypischer Hektik nicht täuschen. Bevor man in Rom *in medias res* geht und zum Kern einer Sache kommt, ist oft freundlich-zurückhaltende Annäherung beim gefälligen Plaudern angesagt. Wichtigtuerei, Angeberei und Zurschaustellen von Reichtum bewirken eher das Gegenteil des Beabsichtigten. Wichtige Informationen über die eigene gesellschaftliche Stellung lässt der Römer am liebsten dezent und geschickt über Dritte vermitteln.

## Anrede

**Wer nicht plump und respektlos erscheinen möchte, sollte nicht bei der erstbesten Gelegenheit die Du-Anrede benutzen. Ein *lei* klingt in römischen Ohren angenehmer. Unter Gleichgesinnten und Gleichgestellten ergibt sich meist schon bei der zweiten oder dritten Begegnung das Du – übrigens schneller von Mann zu Mann und von Frau zu Frau als zwischen Männern und Frauen.**

**Einladungen zum Essen:** sind ernst gemeint. Zurückhaltung beim Tafeln wird ebenso als Beleidigung empfunden wie ein späteres Beharren darauf, sich an der Rechnung beteiligen oder sie gar übernehmen zu wollen. Man klärt bereits vorab, wer zahlt. So lautet die Frage: »Gehen wir zusammen essen?« oder »Darf ich euch zum Essen einladen?«

**Kleidung:** Im Schnitt sollen die Römerin und auch der Römer einen Hauch schicker gekleidet sein als ihre nordeuropäischen Geschlechtsgenossen. Nun ja, Rom hält auf gutes Aussehen, Rom ist eine Stadt der Mode, wenngleich an dritter Stelle hinter Mailand und Florenz.

**Kritik:** Selbstkritisch und selbstironisch analysieren die Römer Zustände in Stadt und Land, thematisieren sie die Diskrepanz zwischen Anspruch und Wirklichkeit. Doch von Fremden lässt man sich kritische Dinge nicht gern sagen, nicht einmal im amüsierten Tonfall. Vorsicht gilt erst recht bei ›ordnungspolitischen‹ Ratschlägen – dies mache man besser so, jenes so. Lieber zuhören und gelegentlich nicken, wenn die Römer über sich selbst schimpfen.

## Die Macht der Kirche

**Die Kirche spielt in der Stadt des Vatikans und des Papstes seit jeher eine zentrale Rolle. Viele Römer sind traditionsbewusste Katholiken. In Gotteshäusern erwartet man respektvolles Verhalten. Laute Gespräche oder gar Blitzlichter rufen ebenso Unmut hervor wie eine dem Ort nicht angemessene Kleidung. Im Petersdom entscheiden ›Sittenwächter‹ anhand des Outfits strikt, wer Zutritt erhält oder auch nicht: Miniröcke, kurze Hosen, kurzärmelige Hemden und freizügige Oberteile sind verpönt.**

**Literaturtipps:** Rom hat viele Autoren und Autorinnen inspiriert – nur ein paar können genannt werden: Ingeborg Bachmann, Römische Reportagen; Herbert Rosendorfer, Rom – eine Einladung; Stendhal, Wanderungen in Rom; Franca Magnani, Rom – zwischen Chaos und Wunder, Klaus Brill, Die Köchin, die Pornodiva und der Papst.

**Im Restaurant:** Schnell den freien Tisch erstürmen? Oh, nein! Ein Gast verhalte sich wie ein Gast und lasse sich vom Gastgeber beraten, wo er angenehm sitzt. Auch dies lässt den Touristen eindeutig erkennen: Er hätte gern eine Speisekarte (und möchte vorher wissen, wie hoch am Ende die Zeche wird). Die Alternative: sich vom Ober über die Tagesspezialitäten beraten lassen. Geht man zu mehreren Essen, wird *alla romana* bezahlt: Der Ober bringt die Gesamtrechnung, den Betrag teilt man durch die Zahl der Teilnehmer, der jeweilige Anteil bemisst sich also nicht nach dem eigenen Verzehr.

**Rauchen:** In öffentlichen Räumen gesetzlich verboten sowie auch in Lebensmittelgeschäften und in Espresso-Bars. Wer trotzdem raucht, kann neuerdings dafür eine saftige Strafe kassieren.

**Siesta:** Ob in Italien oder Spanien, die Siesta ist nicht unwichtig. In Rom merkt man dies besonders, wenn man einkaufen möchte. Von 13 bis 16 Uhr haben viele Läden geschlossen – dafür aber bis nach 20 Uhr geöffnet (s. a. S. 43).

**Toiletten:** Außer in den Bahnhöfen gibt es kaum öffentliche Toiletten (*bagni* oder *gabinetti*). Laut Gesetz müssen jedoch Bars auch Nicht-Kunden ihr Örtchen benutzen lassen. das daher mancherorts ungepflegt und schmutzig ist. Toilettenpapier sollte man immer bei sich haben.

**Trinken:** Römer trinken in der Regel überaus mäßig, Betrunkene sieht man kaum. Wer beim Betreten eines Lokals lauthals nach Grappa verlangt, fällt unangenehm auf.

**Trinkgeld:** Als *mancia* sollte man in Restaurant und Taxi 5–10% des Rechnungsbetrags hinlegen.

## Zahlen

| | | | |
|---|---|---|---|
| 0 | zero | 60 | sessanta |
| 1 | uno/una | 70 | settanta |
| 2 | due | 80 | ottanta |
| 3 | tre | 90 | novanta |
| 4 | quattro | 100 | cento |
| 5 | cinque | 200 | duecento |
| 6 | sei | 300 | trecento |
| 7 | sette | 400 | quattrocento |
| 8 | otto | 500 | cinquecento |
| 9 | nove | 600 | seicento |
| 10 | dieci | 700 | settecento |
| 11 | undici | 800 | ottocento |
| 12 | dodici | 900 | novecento |
| 13 | tredici | 1000 | mille |
| 14 | quattordici | 2000 | duemila |
| 15 | quindici | 3000 | tremila |
| 16 | sedici | 10 000 | diecimila |
| 17 | diciassette | 100 000 | centomila |
| 18 | diciotto | 1 Mio. | un milione |
| 19 | diciannove | 1 Mrd. | un miliardo |
| 20 | venti | | |
| 30 | trenta | | |
| 40 | quaranta | | |
| 50 | cinquanta | | |

## Zeit

| | |
|---|---|
| Montag | lunedì |
| Dienstag | martedì |
| Mittwoch | mercoledì |
| Donnerstag | giovedì |
| Freitag | venerdì |
| Samstag | sabato |
| Sonntag | domenica |
| Werktag | giorno feriale |
| Feiertag | giorno festivo |
| Minute | minuto |
| Stunde | ora |
| Tag | giorno |
| Woche | settimana |
| Monat | mese |
| Jahr | anno |
| Frühling | primavera |
| Sommer | estate |
| Herbst | autunno |
| Winter | inverno |
| heute | oggi |
| gestern | ieri |
| vorgestern | l'altro ieri |
| morgen | domani |
| übermorgen | dopodomani |
| morgens | di mattina |
| mittags | di mezzogiorno |
| nachmittags | di pomeriggio |
| abends | di sera |
| nachts | di notte |
| nach/vor | dopo/prima di |
| früh/spät | presto/tardi |

## Allgemeines

| | |
|---|---|
| guten Morgen/Tag | buon giorno |
| guten Abend | buona sera |
| guten Abend/Nacht | buona notte |
| auf Wiedersehen | arrivederci |
| bitte | prego, per favore |
| danke | grazie |
| nichts | niente |
| Vorsicht | attenzione |
| links | sinistra |
| rechts | destra |
| geradeaus | diritto |

## Einkaufen

| | |
|---|---|
| Kreditkarte | carta di credito |
| Kleidungsgröße | misura |
| Geschäft | negozio |
| Quittung | ricevuta |

## Die wichtigsten Sätze

**A presto!** Bis bald!
**C'è una camera singola/doppia?** Gibt es ein Einzel-/Doppelzimmer?
**Che ore sono?** Wie spät ist es?
**Come sta/stai?** Wie geht es Ihnen/Dir?
**Il conto, per favore!** Die Rechnung, bitte.
**Il televisore è rotto/non funziona!** Der Fernseher ist kaputt/funktioniert nicht.
**Dov'è la via/la piazza ...?** Wo befindet sich die Straße/der Platz...?
**Dov'è una farmacia/l'ospedale/l'albergo/la fermata del bus/la stazione?** Wo ist eine Apotheke/das Krankenhaus/das Hotel/die Bushaltestelle/der Bahnhof?
**Dove posso trovare sigarette/francobolli/biglietti?** Wo kann ich Zigaretten/Briefmarken/Fahrscheine kaufen?
**Dove posso trovare un telefono/un ufficio postale/un taxi?** Wo finde ich ein Telefon/eine Post/ein Taxi?
**Dove si può telefonare?** Wo kann man telefonieren?
**Parla tedesco/inglese?** Sprechen Sie Deutsch/Englisch?
**Quanto costa...?** Wie teuer ist...?
**Vorrei riservare una camera/un tavolo/un posto.** Ich möchte ein Zimmer/einen Tisch/einen Platz reservieren.

| | |
|---|---|
| Ausverkauf | saldi |
| Schuhe | scarpe |
| Kleidung | vestiti |

**Notfälle**

| | |
|---|---|
| Apotheke | farmacia |
| Arzt | medico |
| Entzündung | infezione |
| Erste Hilfe | pronto soccorso |
| Fieber | febbre |
| Krankenwagen | ambulanza |
| Notfall | situazione di emergenza |
| Schmerzen | dolori |
| Unfall | incidente |
| Wunde | ferita |
| Zahnarzt | dentista |

**Restaurant**

| | |
|---|---|
| Essig/Öl | aceto/olio |
| Gabel | forchetta |
| Glas/Flasche | bicchiere/bottiglia |
| Löffel | cucchiaio |
| Messer | coltello |
| offener Wein | vino sfuso |
| Pfeffer/Salz | pepe/sale |
| Teller | piatto |
| Weinkarte | lista dei vini |

**Unterkunft**

| | |
|---|---|
| Abfahrt | partenza |
| Ankunft | arrivo |
| Aufenthalt | soggiorno |
| Bad | bagno |
| Dusche | doccia |
| Einzel-/Doppelzimmer | camera singola/doppia |
| Gepäck | bagagli |
| Rechnung | fattura/conto |
| Schlüssel | chiave |
| Pass | passaporto |
| Personalausweis | carta d'identità |
| Preis | prezzo |
| Übernachtung | pernottamento |

## Auskunft

### Italienische Informationsbüros (ENIT)

**Broschüren & Prospekte**
**Freecall:** Tel. 00 800 00 48 25 42 aus Deutschland, Österreich und der Schweiz, 8–20, Sa 9–14 Uhr.

**... in Deutschland**
Karl-Liebknecht-Str. 34
10178 Berlin
Tel. 030/24 78 39 7/8
Fax 030/24 78 39 9
Enit-berlin@t-online.de
Kaiserstr. 65
60329 Frankfurt/Main
Tel. 069/23 74 30
Fax 069/23 28 94
Enit.ffm@t-online.de
Goethestr. 20
80336 München
Tel. 089/53 13 17
Fax 089/53 45 27
enit-muenchen@t-online.de
**... in Österreich:**
Kärntner Ring 4, 1010 Wien
Tel. 01/505 16 30
Fax 01/505 02 48
delegation.wien@enit.at
**... in der Schweiz:**
Uraniastr. 32, 8001 Zürich
Tel. 01/211 30 31
Fax 01/211 38 85
enit@bluewin.ch

### ... in Rom

**Azienda di Promozione Turistica:** Hotelverzeichnis, Stadtplan, Veranstaltungskalender, auch Zimmervermittlung.
**APT:** Via Parigi 5, 00185 Roma
Tel. 06 48 89 9226
Fax 06 48 89 316
www.romaturismo.it
Flughafen Leonardo da Vinci/ Ankunftshalle Fiumicino
Tel. 06 65 95 44 71, 06 65 95 60 74, tgl. 8.15–19 Uhr

Detaillierte Informationen bekommt man auch an den zahlreichen **Informationspunkten der Stadt Rom** (P.I.T.), die über das Innenstadtgebiet verteilt sind.
**Call-Center der Stadt Rom:**
Tel. 06 36 00 43 99 (tgl. 9–19 Uhr, auch in Deutsch)

**Touring Club Italiano**
Via Babuino 20 (nahe Piazza del Popolo), Tel. 06 36 00 52 81

### ... im Internet

www.comune.roma.it
www.vatican.va
www.romaturismo.com
www.enit.it.
Weitere Infos über die ›Reiselinks‹ bei www.dumontreise.de.

## Reisezeit

Am besten reist man im milden Frühjahr oder sonnig-warmen Herbst in die Ewige Stadt. Den glühendheißen Sommer, in dem jeder Römer, der kann, aufs Land oder ans Meer flieht, und den ungemütlichen, nasskalten Winter sollte man am besten meiden.

## Einreise

Bürger aus der EU und der Schweiz benötigen zur Einreise einen gültigen Personalausweis oder Reisepass, Kinder unter 16 Jahren einen Kinderausweis, oder sie müssen im Pass der Eltern eingetragen sein. Schweizer können ohne Visum bis zu drei Monate im Land bleiben, Besucher aus EU-Ländern unbegrenzt. Die grüne Versicherungskarte benötigt man bei der Anreise mit dem Auto via Schweiz.

## Anreise

### Mit dem Flugzeug

Rom verfügt über drei Flughäfen: Fiumicino-Leonardo da Vinci im Westen, Ciampino im Osten und Roma Urbe im Norden. Der größte *aeroporto* ist **Fiumicino,** in den Flugplänen mit ›FCO‹ gekennzeichnet; hier starten und landen nahezu alle Linien- und ein Großteil der Charterflüge. **Ciampino,** bis Ende der 1980er Jahre ein reiner Militärflughafen, ist jetzt teils auch Start- und Zielort von Charterflügen und dient als Ausweichflughafen für Fiumicino. **Roma Urbe** eignet sich nur für kleine Maschinen, ist also Landeplatz für Privatflugzeuge.

**Fiumicino-Leonardo da Vinci (FCO)**
Flugauskunft
Tel. 06 65 95 36 40,
06 65 95 44 55
Der Flughafen besitzt drei Teile: A für nationale Flüge, B vorwiegend für innereuropäische Flüge und C für Intercontinental-Flüge. Entfernung zur Innenstadt: ca. 25 km.
**Bahnverbindungen:** Zur Stazione Termini alle 30 Min., Fahrtdauer 30 Min.; Preis einfach 8,80 €. Zur Stazione Tiburtina (nördlich des Hauptbahnhofs) alle 15 Min., Fahrtdauer 40 Min., Preis einfach 4,70 €; von der Stazione Tiburtina verkehrt die U-Bahn Metropolitana zum Hauptbahnhof. Zur Stazione Ostiense (südwestl. von Termini) alle 15 Min., Fahrtdauer 30 Min., Preis einfach 4,70 €. Weiterfahrt zum Hauptbahnhof mit der Metropolitana. Info: Tel. 89 20 21.
**Taxi:** Ca. 45 Min. bis zur Innenstadt, Fahrpreis ca. 40 €.
**Achtung:** Oft bieten auch Fahrer ohne Lizenz ihre Dienste an und fangen Ankömmlinge gleich hinter dem Zoll ab. Offiziell zugelassen sind nur die weißen Taxis, die vor dem Ausgang im Untergeschoss stehen. Wer sich auf eine Privatfahrt einlässt, ist nicht versichert und muss mit überhöhten Preisen rechnen.

### Mit der Bahn

Ankunftsbahnhof ist in der Regel die **Stazione Termini,** der Hauptbahnhof mitten in der Stadt. Einige Fernzüge, aus oder in Richtung Süden, passieren nur die **Stazione Tiburtina,** weil sie kein Kopfbahnhof ist wie Termini. Von Tiburtina geht es mit der Metropolitana (U-Bahn) alle paar Minuten zur Stazione Termini.
**Achtung:** An den Schaltern bilden sich oft lange Schlangen – eine gute Gelegenheit für Diebe. Achten Sie auf Ihr Gepäck! Zählen Sie das Wechselgeld sofort nach! Fahrkartenschalter, die Kreditkarten annehmen, sind mit entsprechenden Symbolen gekennzeichnet. Platzreservierungen, Umbuchungen und Fahrkarten bietet auch das **Deutsche Reisebüro DER,** Piazza dell' Esquilino 29, Tel. 064 82 75 31, an.
**Weiterfahrt:** Nahezu alle wichtigen städtischen Buslinien passieren die Stazione Termini; Informationen am ATAC-Stand des Bahnhofsvorplatzes. Unter dem Bahnhofsvordach stehen Taxis bereit.

### Mit dem Auto

**Aus dem Norden** kommt man in der Regel über die Autostrada del

Sole von Florenz; in Roma Nord befindet sich die Mautstelle, danach folgen noch ca. 20 km auf nichtmautpflichtiger Autobahn, bis man die Ringstraße um Rom, den Grande Raccordo Anulare (GRA), erreicht. Vom GRA aus gelangt man über die großen Einfahrtsstraßen ins Zentrum.

**Aus dem Westen** vom Flughafen Leonardo da Vinci, von den Stränden Ostias oder der Autobahn aus Civitavecchia kommend, gelangt man auf der Staatsstraße 201 in die Stadt.

## Unterwegs in Rom

### Mit dem Bus

Rom besitzt ein dichtes Busnetz, das von dem städtischen Verkehrsbetrieb ATAC bedient wird. **Tickets** haben einen Einheitspreis von 0,77 (demnächst 1 €). **Tageskarten** kosten 3,10 €, Wochenkarten 12,40 €. Ticketverkauf in Tabakläden *(tabaccherie)* und vor den Bahnhöfen in ATAC-Schaltern. Ein Buslinienknotenpunkt ist die Stazione Termini. Fahrpläne sind oft nicht angeschlagen. Die Busse der innerstädtischen Linien verkehren Mo–Sa 5.30–24 Uhr alle 10–20 Min., So alle 20–40 Min. Für die Erkundung der historischen Altstadt empfehlen sich die Elektrobusse 116 (Porta Pinciana-Piazza Barberini-Piazza Navona-Campo de' Fiori-Vatikan), 117 (Lateran-Kolosseum-Spanische Treppe) und der Bus 119 (Piazza del Popolo-Via del Corso-Piazza Venezia-Spanische Treppe). Den Vatikan erreicht man von der Stazione Termini mit der Expresslinie 40 oder der (besonders von Taschendieben geliebten) Linie 64. Der Bus 170 verbindet Termini mit Trastevere. Nachts verkehren ab 0.30 Uhr alle 20–30 Min. Nachtbusse. Die Haltestellen sind mit einem »N« gekennzeichnet.
Info: www.atac.roma.it.

### Mit der Metropolitana

Die römische Metro verkehrt Mo–Sa alle 3 bis 8 Min., von 22–23.30 (Sa bis 0.30 Uhr) alle 10 Min. Nachts werden die Routen durch die Buslinien 55 N (Linie A) und 40 N (Linie B) abgedeckt.

**Linie A** führt von Battistini (nördl. des Vatikan) über das Flaminio-Stadion, östlich am historischen Stadtkern vorbei und dann über den Hauptbahnhof bis nach Cinecittà im Südosten bis Anagnina.

Die **Linie B** verläuft von der Via Laurentina südöstlich des EUR-Zentrums im Süden zur Aurelianischen Mauer, vorbei an Circo Massimo und Kolosseum ebenfalls zum Hauptbahnhof und danach bis nach Tiburtina im Nordosten.

### Mit der Straßenbahn

Es gibt sechs Linien. Wichtige Verbindung sind Linie 3 (Trastevere-P.ta San Paolo-Kolosseum-Lateran-S. Croce in Gerusalemme-S. Lorenzo-Villa Borghese) und Linie 8 (Trastevere-Largo Torre Argentina).

### Mit dem Taxi

Zugelassen sind nur die weißen Taxis mit Nummernaufschrift und Taxi-Schild. Sie sind mit zuverlässig kontrollierten Zählern ausgestattet. Eine Fahrt vom Bahnhof zum Petersplatz (4 km) kopstet ca. 8 €. Der Grundpreis beträgt werktags (7–22 Uhr) 2,30 €, Zuschläge werden für die Beförderung mehrerer

Personen, größerer Gepäckstücke an Sonn- und Feiertagen und bei Nachtfahrten erhoben. **Taxiruf:** 06 35 70, 06 49 94, 06 881 77.

## Mietwagen und -roller

Zahlreiche Mietwagen-Agenturen bieten ihre Dienste im **Hauptbahnhof** und am **Flughafen Fiumicino** an. Vorbestellung und Preisvereinbarung von zuhause aus sind empfehlenswert.

**Avis**
Flughafen: Tel. 06 65 01 15 31
Bahnhof: Tel. 064 81 43 73
Call-Center: Tel. 199 10 01 33

**Hertz**
Flughafen: Tel. 06 65 01 15 53
Bahnhof: Tel. 064 74 03 89
Call-Center: Tel. 199 11 22 11

**Maggiore**
Flughafen: Tel. 06 65 01 06 78
Bahnhof: Tel. 064 88 00 49
Call-Center: Tel. 848 86 70 67

**Sixt**
Flughafen: Tel. 06 65 953547
Bahnhof: Tel. 064 74 00 14
Call-Center: Tel. 800 900 666

**TUI Cars**
TUI Cars können in Reisebüros sowie auch direkt über World TUI Cars, Tel. 05 11 567 89 17, E-mail: Tuicars@tui.de gebucht werden.

Viele Verleiher bieten **Motorroller**, Motorräder und Fahrräder an. Doch das Vergnügen ist in der Metropole nicht ganz ungefährlich.

**Bici & Baci,** Via Viminale 5 (nahe Piazza della Repubblica), Tel./Fax 064 82 84 43, Tel. 06 48 98 61 62

**Due Ruote rent,** Via del Galoppatoio 33 (Parkhaus der Villa Borghese), Tel. 063 22 52 40, 063 61 33 07 Fax 063 61 33 07

**Treno e Scooter,** Piazza dei Cinquecento (Bahnhof, beim Parkplatz), Tel. 06 48 90 58 23, Fax 06 48 91 95 39

**Rent a Scooter**
Via in Lucina 13/14 (nahe Spanische Treppe) nur Roller, Tel. 066 87 64 55, Fax 066 86 42 83

## Stadtrundfahrten

Viele Hotels vermitteln Stadtrundfahrten oder geben Auskunft über die nächstgelegene Buchungs- und Abfahrtsstelle mit fremdsprachigem Führer. Stadtrundfahrten mit Führungen (mind. 3 Std.) kosten 29–40 €.

**Appian Line**
Piazza dell'Esquilino 6–7
Tel. 06 48 78 66 01
Fax 064 74 22 14

**Carrani Viaggi**
Via Vittorio Emanuele Orlando 95
Tel. 064 74 25 01
Fax 06 48 90 35 64

**Green Line Tours**
Via Farini 5a
Tel. 06 48 37 87
Fax 06 48 91 90 35
www.greenlinetours.com

Stadtrundfahrten bieten auch die römischen Verkehrsbetriebe an. Mit der Linie 110 5x tgl. ab Hauptbhf., Erläuterungen auf Ital./Engl.; Ticket 7,75 €, mit Fahrtunterbrechungen 12,91 €.

## Behinderte

Hilfreiche Infos gibt die viersprachige Broschüre ›Roma accessibile‹, erhältlich über das Fremdenverkehrsamt (Via Parigi 5) oder über Sportello vacanze serene, Tel. 067 12 90 11, Fax 06 71 29 01 25. Informationen im Internet unter: www.coinsociale.it/Tourism

# Zu Gas

Ob Sie nun antike Ruinen studieren oder lieber in den Diskotheken am Monte Testaccio die Nacht vertanzen möchten, ob Sie durch Roms mondäne Shopping-Meile bummeln wollen oder auf eine Audienz beim Papst hoffen – allemal gut tut die Rast in einer Trattoria oder einer Enoteca. Dieser Rom-Führer gibt Ihnen dazu nützllche Tips und Adressen an

# - in Rom

die Hand. Die große Extra-Karte hilft bei der problemlosen Orientierung, denn die Gitternetzangaben bei allen Adressen ersparen langes Suchen. Auf die wichtigsten Sehenswürdigkeiten werden Sie in der Karte förmlich mit der Nase gestoßen. Wer jedoch in Rom Besonderes sehen möchte, der sollte sich von den Extra-Touren leiten lassen.

Im Zentrum Roms, für Besucher günstig gelegen, gibt es eine beachtliche Auswahl an Unterkünften für jeden Geschmack und jedes Portemonnaie. Aber lassen Sie sich bei Ihrer Wahl nicht vom Schein der Fassaden täuschen: Hinter düsteren Gemäuern verbirgt sich manches Mal ein komfortables Haus, während umgekehrt ein herausgeputztes Äußeres nicht immer auch ein Garant für Wohlbefinden und guten Service sein muss.

Wegen der strikten Meldepflicht von Hotelbesuchern sollten Sie Ihre *documenti* für die Rezeption bereithalten. Bevor Sie ausgehen, bitten Sie jedoch um Rückgabe Ihrer Papiere, um sich im Notfall ausweisen zu können. Deutschsprechendes Personal arbeitet tagsüber oft an der Rezeption.

Ein Frühstück ist in den meisten Fällen im Zimmerpreis inbegriffen. Es reicht je nach Haus vom einfachen Hörnchen mit einem Kaffee bis zum opulenten Frühstücksbuffet mit Selbstbedienung.

## Reservierung

**Es ist immer ratsam, Zimmer zu reservieren. Viele Hotels bitten um eine Anzahlung *(caparra)*, die man überweisen kann; mitunter genügt auch die Angabe der Kreditkartennummer. Vorbestellen kann man meist auch in deutscher Sprache.**

## Günstig

**Agenzia Bed & Breakfast Italia**
Corso Emanuele II 282,
00186 Roma
Tel. 066 87 86 18
Fax 066 87 86 19
www.bbitalia.it
Vermittlung von privat vermieteten Zimmern, teils in schönen, zentral gelegenen Wohnungen, manchmal mit Familienanschluss. Ein Zimmer für zwei Personen mit Frühstück kostet ab 52 €.

**Alpi (J 3)**
Via Castelfidardo 84 a
Tel. 064 44 12 35
Fax 064 44 12 57
www.hotelalpi.com
Metro: Linie A, B, Termini
DZ ab 119 €
Ein behagliches Hotel mit 48 Zimmern, rund 200 m nördlich der Stazione Termini. Während die Gemeinschaftsräume im Stil des 18. Jh. belassen wurden, hat man die Gästezimmer modern renoviert. Zuvorkommender Service.

**Arenula (E 6)**
Via Santa Maria de' Calderari 47
Tel. 066 87 94 54,
Fax 066 89 61 88
www.hotelarenula.com

| | |
|---|---|
| **Günstig** | **DZ 60–130 €** |
| **Moderat** | **DZ 130–240 €** |
| **Teuer** | **DZ 240–330 €** |
| **Luxus** | **ab 330 €**<br>**Suiten auf Anfrage** |

In der Hochsaison wird teilweise ein Aufschlag von bis zu 25 % verlangt. Andererseits haben viele Hotels auch Sonderangebote für bestimmte Wochentage (Kongresshotels auch an Wochenenden). Hotels, die nicht über Einzelzimmer verfügen, bieten 10–15% Preisnachlass, wenn ein Doppelzimmer nur von einer Person belegt wird.

Bus: 40, 64
DZ ab 119 €
In einer tibernahen, ruhigen Straße liegt dieses Hotel mit 50 Zimmern.

**Campo de' Fiori (D 5)**
Via del Biscione 6
Tel. 06 68 80 68 65
Fax 066 87 60 03
www.hotelcampodefiori.com
Bus: 64, 40
DZ ab 100 €
Einfaches Altstadthotel mit schöner Dachterrasse und Blick auf den malerischen Blumen- und Gemüsemarkt Campo de' Fiori. Von den 27 kleinen, aber freundlichen Zimmer sind nur neun mit eigenem Bad ausgestattet.

**Erdarelli (F 4)**
Via Due Macelli 28
Tel. 066 79 12 65
Fax 066 79 07 05
www.hotelerdarelli.com
Bus: 119
DZ ab 130 €
Eine freundliche, saubere Familienpension mit 28 Zimmern. Nicht alle Räume besitzen ein eigenes Bad.

**Parlamento (E 4)**
Via delle Convertite 5
Tel./Fax 06 69 92 10 00
Fax 066 79 20 82
www.hotelparlamento.it
Bus: 52, 53, 58, 850
DZ ab 106 €
Ein ganz einfaches Hotel im Zentrum, an der Piazza San Silvestro im 3. Stock eines Palazzo. Ein Plus sind die freundliche Atmosphäre und der schöne Blick über die Dächer des *centro*.

**Residenza Madri Pie (B 4)**
Via Alcide De Gasperi 4
Tel. 06 63 19 67 u. 06 63 34 41
Fax 06 63 19 89
madripieroma@tiscalinet.it
DZ 105 €
Sehr saubere und freundliche Herberge mit Garten in Fußweite zum Petersplatz. Viele Zimmer mit Balkon und Blick auf die Kuppel. Aufmerksamer Service.

## Moderat

**Accademia (F 4)**
Piazza Accademia San Luca 75
Tel. 066 79 22 66,
Fax 066 78 58 97
www.accademiahotel.com
Bus: 95, 119, 492
DZ ab 217 €
Nahe dem Quirinalspalast gelege-

## ›Residenza Paolo VI‹

**Mit Blick auf die Papstgemächer übernachten – das können Normalsterbliche in der Residenza Paolo VI, dem einzigen Hotel im Vatikanstaat. Die einstigen Mönchskammern eines Klosters hat man in moderne Hotelzimmer verwandelt, von der Terrasse scheint die Peterskuppel zum Greifen nahe. Für Gruppen oder Individualreisende wird ein auf den Vatikan zugeschnittenes Spezialprogramm angeboten (B 4, Via Paolo VI 29, Tel. 06 68 13 41 08, Fax 066 86 74 28, www.residenzapaoloVI.com, Bus: 40, 64, DZ ab 195 €).**

nes Haus mit geräumigen, dezent in grau-blauen Farbtönen gehaltenen Zimmern. Fast alle Räume sind mit schalldämpfenden Fenstern ausgestattet (bei der Zimmerbestellung noch einmal danach fragen). Das Personal ist freundlich.

**American Palace EUR (außerhalb)**
Via Laurentina 554
Tel. 06 54 19 71
Fax 065 91 17 40
www.americanpalace.com
Metro: Linie B, Laurentina
DZ ab 165 €
Ein großes Hotel mit 165 Zimmern im EUR-Zentrum an der Peripherie Roms, doch durch die Metropolitana gut mit dem Zentrum verbunden. Die nahen Grünflächen und die über dem Standard liegende Ausstattung machen das Haus bei Tagungsgästen beliebt.

**Della Torre Argentina (E 5)**
Corso Vittorio Emanuele II 102
Tel. 066 83 38 86
Fax 06 68 80 16 41
www.dellatorreargentina.com
Bus 40, 64
DZ ab 140 €
Hotel mit 53 Zimmern ganz in der Nähe des Republikanischen Tempels und des einstigen Pompejuspalastes. Im Gebäude sind noch Teile der antiken Mauern und antike Plaketten zu sehen. Zimmer unterschiedlicher Größe und Ausstattung, freundliche Bedienung.

**Fontana (F 4)**
Piazza di Trevi 96
Tel. 06 69 92 24 94
Fax 066 79 00 24
www.hotelfontana-trevi.com
Bus: 52, 53
DZ ab 260 €
25 Zimmer in einem ehemaligen Klosterbau direkt an der Fontana di Trevi. Wer Lust auf eine lebhafte Umgebung hat – der Brunnen erfreut sich tags wie nachts eines regen Besucherstroms –, wird sich im Fontana wohl fühlen.

**Galles (J 4)**
Viale Castro Pretorio 66
Tel. 064 45 47 41
Fax 064 45 69 93
DZ ab 235 €,
Dreibettzimmer ab 270 €
Das Hotel liegt zentral, gegenüber der Nationalbibliothek, nur fünf Gehminuten vom Bahnhof Termini, eine Viertelstunde zur Via Veneto und zur Villa Borghese. Komfortabel eingerichtet.

**Gregoriana (F 3)**
Via Gregoriana 18
Tel. 066 79 79 88
Fax 066 78 42 58
Bus: 57, 64
DZ ab 200 €
Ein kleines, besonders ruhiges Hotel mit 19 Zimmern im Art-déco-Stil, die zwar nicht allzu geräumig sind, aber teilweise einen kleinen Balkon haben. Einfacher Komfort.

**Homs (F 3/4)**
Via della Vite 71
Tel. 066 79 29 76
Fax 066 78 04 82
www.hotelhoms.it
Bus: 52, 53, 85, 850
DZ ab 233 €
Ein 48-Zimmer-Haus nahe der Piazza di Spagna, also zentral gelegen. Die Zimmer sind zwar klein, die Bäder meist nur mit einer Dusche ausgestattet, aber dafür entschädigen die schöne Aussichtsterrasse und die Atmosphäre.

**Sistina (F 4)**
Via Sistina 136
Tel. 064 74 41 76
Fax 064 81 88 67
www.leonardihotels.com
Metro: Linie A, Barberini
DZ ab 155 €
Ein frisch renoviertes Haus mit 26 Zimmern in zentraler Lage, das zwar ein wenig anonym wirkt, jedoch überwiegend geräumige Zimmer und Bäder bietet.

**Sant'Anselmo (E 8)**
Piazza di Sant'Anselmo 2
Tel. 065 78 32 14
Fax 06578 36 04
www.aventinohotels.com
DZ 166 €
Jahrhundertwendevilla auf dem grünen Aventin in meditativer Ruhe. Zum Hotel gehört auch die nahegelegenen Hotels Villa San Pio, Via Santa Melaina 19 (DZ 197 €) und Aventino, Via S. Domenico 10 (DZ 197 €) beide sehr ruhig und von hübschen Gärten umgeben.

**In einem ehemaligen Klosterbau mit Blick auf die Fontana di Trevi wohnen: faszinierend, wenngleich nicht ganz ruhig**

# Hotels

## Teuer

**Barocco (G 3)**
Piazza Barberini 9
Tel. 064 87 20 01, Fax 06 48 59 94
www.hotelbarocco.com
Metro: Linie A, Barberini
DZ ab 326 €
Kleines, aber sehr gediegenes 42-Zimmer-Hotel mit geschmackvoller Einrichtung, die Motive aus dem alten Rom aufgreift. Die Räume sind unterschiedlich gestaltet, einige gehen über zwei Ebenen, andere besitzen einen Balkon oder marmorne Bäder (teils allerdings recht klein).

**Dei Borgognoni (F 3)**
Via del Bufalo 126
Tel. 06 69 94 15 05
Fax 06 69 94 15 01
www.hotelborgognoni.it
Bus: 52, 53, 850
DZ ab 295 €
Trotz der schönen, glasgedeckten Hotelhalle mit Palmen und trotz der schönen Bäder, teils mit Hydromassage, stimmt das Preis-Leistungs-Verhältnis in diesem 50-Zimmer-Haus nicht ganz.

**Farnese (D 2)**
Via Alessandro Farnese 30
Tel. 063 21 25 53,
Fax 063 21 51 29
www.hotelfarnese.com
Metro: Linie A, Lepanto
DZ ab 196 €
Kleines, feines, von der Eigentümerfamilie noch persönlich geführtes Hotel mit 23 Zimmern, in dem man den Eindruck gewinnt, privat zu wohnen. Sehr hell, ruhig und freundlich, mit Stilmöbeln und Dekorationen aus dem 19. Jh.

**Hotel d'Inghilterra (E 3)**
Via Bocca di Leone 14
Tel. 066 99 81
Fax 06 69 92 22 43
www.hoteldinghilterraroma.it
Metro: Linie A, Spagna
DZ ab 262 €
Höchst traditionsreiches Hotel mit 98 Zimmern, in dem seit dem 17. Jh. Prinzen, Prinzessinnen und Künstler aus aller Welt abgestiegen sind. Franz Liszt logierte hier ebenso wie später Ernest Hemingway. Das Interieur mit Stilmöbeln sowie der gehobene Komfort und Service mögen den recht hohen Preis rechtfertigen.

**Lord Byron (nördlich E 1)**
Via Giuseppe de Notaris 5
Tel. 063 22 45 41
Fax 063 22 04 05
www.lordbyronhotel.com
Tram: 3, 19
DZ ab 275 €
Besonders ruhiges, sehr vornehm geführtes Hotel hinter der Galleria dell'Arte Moderna. Die 36 ganz unterschiedlich gestalteten Zimmer sind in drei Kategorien eingeteilt: Komfort, Superior und De Luxe. Gutes Restaurant mit Jugendstilatmosphäre.

**Massimo d'Azeglio (H 4)**
Via Cavour 18
Tel. 064 62 05 61
Fax 064 82 73 86
www.bettoyahotels.it
Metro: Linie A, B Termini
DZ ab 266 €
In der innersten Stadtmitte gelegenes Haus mit gut 200 Zimmern. Der Vorteil: Mit wenigen Schritten erreicht man die Kathedrale Santa Maria Maggiore oder den Bahnhof. Der Nachteil: Das Haus ist nicht gerade ruhig gelegen. Doch die Zimmer sind angenehm eingerichtet, meist mit Stilmöbeln. Holz dominiert auch in den anderen Räumen. Guter Service.

**Sheraton Golf Parco de Medici (außerhalb)**
Viale Parco de' Medici 165/67 (außerhalb westlich)
Tel. 06 65 85 88
Fax 06 65 85 87 42
www.sheratongolf.com
Metro: Linie B, Magliana, dann Taxi; Shuttle zum Flughafen und zum Zentrum
DZ ab 258 €
Inmitten eines großen Golfplatzes (27 Löcher) gelegen, auf halbem Weg zwischen Flughafen Fiumicino und dem Stadtzentrum, modern eingerichtet und mit einer Vielfalt von Unterbringungsmöglichkeiten, vom traditionellen Einzel- und Doppelzimmer bis zu Suiten und Chalets. Außer Golf zahlreiche andere Sport- und Fitnesseinrichtungen wie Freibad, Tennisplätze, Gymnastik. Wer sich in Rom jenseits von touristischem Stress auch erholen möchte, ist hier richtig.

## Luxus

**De La Ville (F 3)**
Via Sistina 69
Tel. 066 73 31
Fax 066 78 42 13
www.interconti.com
Metro: Linie A, Barberini oder Piazza di Spagna
DZ ab 540 €
Vor allem der internationale Jetset logiert in diesem Luxushotel mit 192 Zimmern, das nur ein paar Schritte von der Spanischen Treppe entfernt liegt. Stilvolle Einrichtung mit Marmor, Stuck, Samtdiwane und Pflanzen. Die Zimmer sind allerdings modern gehalten. Im oberen Stockwerk bietet sich von den Balkonen eine schöne Aussicht, das Restaurant liegt zum begrünten Innenhof hin.

**Eden (F 3)**
Via Ludovisi 49
Tel. 06 47 81 21
Fax 064 82 15 84
www.hotel-eden.it

**Luxus pur: Das Grandhotel (St. Regis) vom Ende des 19. Jh. wurde von Cesare Ritz begründet**

Metro: Linie A, Barberini, Spagna
DZ ab 590 €
Das Hotel der Forte-Kette, zwischen Spanischer Treppe und der legendären Via Veneto gelegen, wurde vollkommen neu gestylt, und das mit Hilfe vieler Künstler. In den Bädern glänzt Marmor aus Carrara. Aus den meisten der über 100 Zimmer bietet sich ein Panoramablick über Rom. Das Restaurant La Terrazza tut ein Übriges, damit man sich hier wohlfühlt.

**Hassler (F3)**
Piazza Trinità di Monti 6,
Tel. 06 69 93 40
Fax 066 78 99 91
www.hotelhasslerroma.com
Metro: Linie A (Spagna)
DZ ab 635 €
Eines der schönstgelegenen Hotels der Ewigen Stadt, neben der Kirche Trinità die Monti hoch oben über der Spanischen Treppe und damit besonders zentral. Stilvolle klassische Einrichtung, jedes Zimmer individuell gestaltet, meist mit herrlicher Aussicht auf die Altstadt. Trotz der mitunter überschwappenden VIP-Bewohnerschaft betreut das freundliche Personal auch jeden anderen Kunden mit der gleichen Zuvorkommenheit.

**Regina Baglioni (G 3)**
Via Veneto 72
Tel. 06 42 11 11
Fax 06 42 01 21 30
www.baglionihotels.com
Bus: 32, 53
DZ ab 390 €
Nach der Komplettrenovierung wurde das 150-Zimmer-Haus wieder auf sein altes Niveau gebracht. Imposant ist die Empfangshalle mit Jugendstilmöbeln und -dekoration. Auch die Zimmer und Bäder sind liebevoll gestaltet und wirken hell und freundlich. Nette Bedienung.

**St. Regis (H 3/4)**
Via Vittorio Emanuele Orlando 3
Tel. 064 70 91, Fax 064 74 73 07
www.stregis.com
Metro: Linie A, Repubblica
DZ ab 539 €
Der Name des Gründers steht für Luxus: Cesare Ritz eröffnete das Haus Ende des 19. Jh. Hinter der Gründerzeitfassade verbirgt sich barocke Innendekoration. Schön gestaltet auch der Wintergarten.

Weitere Hotels findet man im Internet unter:
www.italyhotel.com
www.travel.it
www.initalia.it
www.hotelme.it

## Jugendherberge

**Ostello del Foro Italico (außerhalb)**
Viale Olimpiadi 61
Tel. 063 23 62 67
Fax 063 24 26 13
www.ostellionline.org
Ganzjährig geöffnet
Übernachtung 15 €
Metro/Bus: Mit der Metro-Linie A bis Ottaviano, dann weiter mit 32
Die 334 Betten der römischen Jugendherberge nahe den Olympischen Stätten sind oft belegt.

## Camping

**Fabulus (außerhalb)**
Via Cristoforo Colombo, km 18
Tel./Fax 065 25 93 54
Ganzjährig geöffnet
Anfahrt: Metro, Linie B bis Fermi, Bus 709 ab EUR
Großer Platz, mit Swimmingpool.

Nächtlicher Treff: die Spanische Treppe vor der Trinità dei Monti

Essgewohnheiten und Essenszeiten in Rom unterscheiden sich in mancher Hinsicht von den in Mittel- und Nordeuropa üblichen. Das Frühstück wird oft im Stehen an der Theke einer Espresso-Bar eingenommen und besteht nur aus einem Hörnchen oder einem *tramezzino*, einem weichen, dreieckigen Toastbrot, das mit Thunfisch, Schinken und Käse oder Gemüse belegt ist. Mittags und abends setzt man sich später zu Tisch als im Norden, zu Mittag frühestens gegen 13 Uhr, am Abend kaum vor 20.30 Uhr.

Die fehlende Frühstücksgemütlichkeit ist in gewisser Weise typisch für den mediterranen Raum. Dafür geraten die beiden Hauptmahlzeiten zu recht ausführlichen und opulenten kulinarischen Ereignissen. Ohne ein mehrgängiges Menü am Tag fehlt dem Durchschnittsrömer etwas, und die Gastronomen der Stadt erwarten von ihren Gästen, dass sie sich an diese ›Regel‹ halten. Das Mittagessen *(pranzo)* dauert daher im Restaurant schon mal eineinhalb Stunden, das Abendessen *(cena)* auch 2–3 Std.

Einen Bruch dieser Esskultur stellen die auch in Rom zu findenden Fast-food-Lokale dar, und es gibt natürlich auch Römerinnen und Römer, die sich mittags mit einem Hamburger bei einem der einschlägigen Kettenrestaurants oder aber mit einer *pizza al taglio*, einem rechteckigen Pizzenstück aus einem Stehimbiss, begnügen.

## Römische Restaurant-Kultur

Rom bietet Restaurants für jeden Geschmack und jeden Geldbeutel. *Taverna* und *Osteria* waren früher einmal einfachste Wirtschaften, in die man mitunter sogar sein Essen mitbringen konnte, um dazu nur einen Wein zu bestellen. Die *Trattoria* galt als gehobene Wirtschaft und das Restaurant als vornehmste kulinarische Einrichtung. Diese Unterscheidung gilt heute nicht mehr: Während sich manches Nobelrestaurant in feinem Understatement Osteria nennt und horrende Preise verlangt, kann ein als *Ristorante* ausgewiesenes Lokal einer Spelunke ähneln. Die Bezeichnung Taverna, Trattoria, Osteria oder Ristorante lässt schon gar keinen Rückschluss auf die Güte der Speisen zu. Auch hinter dem Begriff *Pizzeria*, vordem ein Synonym für Fast-food *all' italiana*, kann sich durchaus ein besseres Lokal verbergen, eine *Pizzeria-Ristorante*. Die *Enoteca* ist ein Weinlokal, in dem man meist auch einen Happen zu essen bekommt.

In einigen Restaurants gehört es zum Stil des Hauses, keine feste Speisekarte zu haben, allenfalls handgeschriebene Zettel. Hier pflegt man die gute alte Tradition, dem Gast das tagesaktuelle Speisenangebot vorzustellen, ihn zu beraten oder seine besonderen

Wünsche entgegenzunehmen. Diese Lokale erfreuen sich meist vieler Stammgäste.

Ein italienisches Menü setzt sich aus drei bis vier Gängen zusammen, bestellt wird selten in einem Zug, eher in Etappen, von Gang zu Gang. Für Vorspeise – Antipasto – und den anschließenden Nudelgang – Pasta – halten die Kellner oft Empfehlungen je nach Tagesangebot bereit. Anstelle von Pasta kann man eine *minestra* wählen, eine reichhaltige Gemüsesuppe, die durch Zwiebeln sowie Bauch- und Räucherspeck ihren Geschmack erhält. Wer nicht allzu hungrig ist, wird auf einen dieser Gänge verzichten, um den Hauptgang zu bewältigen.

In der *cucina romana* bzw. *cucina laziale*, der rustikalen regionalen Küche, ist *abbacchio*, Milchlamm, ebensowenig von den Speisekarten wegzudenken wie Kalbsbraten, Schweinsfüße oder Ochsenschwanz, aber auch Fisch. Innereien – Zunge, Hirn, Kutteln, Leber, Nieren – galten früher geradezu als Symbol für die römische Küche. Traditionell werden donnerstags *gnocchi*, kleine Kartoffelnockerl, mit Tomatensoße frisch zubereitet.

Zur Nachspeisenpalette gehören *crostata*, ein marmeladenbestrichener flacher Kuchen, *Zuppa inglese* (sehr süßer Kuchen), *Tiramisù* und nicht zuletzt Obst und Käse wie Gorgonzola, zu dem sich Kenner eine Birne bestellen. »Al contadino non fa sapere com'è buono il formaggio con le pere«, heißt es dann (»Lass den Bauern nicht wissen, wie gut Käse mit Birnen schmeckt«).

Ein *caffè* rundet die Mahlzeit ab, ein Schnaps hilft beim Verdauen. Dieser *digestivo* geht bei hoher Zeche meist auf Rechnung des Hauses.

## Caffè-Kultur in Rom

Der *caffè* ist aus der römischen Lebenskultur nicht wegzudenken – der Genuss dieses Getränks in Restaurants und Espresso-Bars wird im wahrsten Sinne des Wortes zelebriert. Es gibt mehr als ein Dutzend Zubereitungsmöglichkeiten, deren wichtigste die folgenden sind:

**Espresso** (wird auch einfach als *caffè* bezeichnet): ein Fingerhut sehr starken Kaffees, der, frisch aus der Maschine kommend, möglichst heiß getrunken wird
**Caffè lungo:** Espresso, der mit der doppelten Wassermenge erstellt wird, also gestreckt und nicht so stark ist
**Caffè macchiato:** Espresso mit ein paar Tropfen kalter Milch darin
**Latte macchiato:** aufgeschäumte Milch mit etwas Kaffee darin
**Cappuccino:** Espresso, über den aufgeschäumte heiße Milch gegossen wird; etwas aufgestäubter Kakao gehört für viele dazu
**Caffè corretto:** Espresso mit einem Schuss Alkohol wie Grappa, Cognac oder auch Likör, etwa Sambuca (Anis)
**Caffè freddo:** eisgekühlter Kaffee, schwarz und gezuckert
**Cappuccino freddo:** eisgekühlter, gezuckerter Milchkaffee

**Schwelgen in frischen Früchten: Trauben, Kirschen, Pfirsiche ...**

## Kulinarisches Lexikon

Auf vielen römischen Speisekarten stehen italienische und heimische Spezialitäten. Daher hier ein kleines ABC der in Rom geläufigen gastronomischen Begriffe:

**Angus:** Rindskotelett

**Bagna cauda:** Warme Sauce, scharf gewürzt und mit Olivenöl, Knoblauch, Sardellen und weißen Trüffeln angemacht; aus dem Piemont

**Bianchetto:** Lamm-Magen

**Braudale:** Aus dem Französischen übernommener Begriff für Gulasch

**Buridda:** Fischsuppe; aus der Genueser Küche

**Caplazz:** Tortelloni, Pasta mit Fleischeinlage; aus dem Ferraresischen

**Caponata:** Zubereitungsart aus Sizilien, mit Auberginen, Zwiebeln, Kapern, Sellerie und Oliven

**Carnesecca:** Schinken, aber nicht vom Schwein, sondern vom Rind

**Casatiello:** Großer, gebackener, gesalzener und mit Ei überbackener Kringel aus Eiern; aus Neapel

**Cazmar:** Am Spieß gebratene Fleischrouladen vom Lamm oder Zicklein; aus der Basilicata

**Ciammotta** (auch Ciambotta oder Cianfotta): Frittierte Schnitten von Auberginen, Paprika, Kartoffeln

**Cigliecine:** Walnussgroße Mozzarella-Bällchen

**Cuazetto:** Gekochtes Fleisch in aromatischer Sauce

**Culatello:** Dauerwurst aus Schweinelende

**Finanziera:** Legiertes Ragout aus Hühnerklein und Bries, Pilzen und Trüffeln

**Friarielli:** Neapolitanische Broccoli

**Fleisch satt: deftige römische Küche hält Leib und Seele zusammen**

**Gianchetti** (auch Cianchetti): Ganz junge, fast durchsichtige Fischlein, meist Sardinen oder Heringe; aus Ligurien
**Gramiccia:** Pasta aus der Emilia Romagna
**Al matone:** Zubereitungsart von Artischocken zwischen zwei heißen Platten
**Ovoline:** Mandarinengroße Mozzarella-Bällchen in Lake
**Pajata:** Innenhaut des Kalbs- oder Lamm-Magens
**Panzanella:** Getrocknetes, eingeweichtes, mit Tomaten, Öl, Salz, gehacktem Basilikum belegtes Brot
**Paranzella:** Fischsuppe; typisch für die Hafenlokale in Fiumicino
**Potacchio:** Sauce aus Fleisch und Fisch, mit Tomaten und anderen Zutaten; Spezialität aus den Marken in den Abruzzen
**Salama:** Wurst aus durchgedrehtem mageren Schweinefleisch, Leber und Zunge, mit Rotwein, Muskatnuss, Zimt, Nelken, Salz und Pfeffer, wird heiß serviert; aus Ferrara
**Sartù:** Pastete auf Reisbasis; aus der neapolitanischen Küche
**Sbrisolona:** Nachspeise aus Mehl und Mais, die leicht bröselt; aus dem Veneto
**Sgonfiotto:** Soufflé
**Stracotto** (Stufato): Geschmortes
**Struffoli:** Süßspeise aus kleinen frittierten Pastawürfeln in Honig
**Tacconelle:** Handgemachte Pasta, die oft nur aus Mehl und Wasser besteht (ohne Eier)
**Tagliata:** Rindfleischstreifen
**Vignarola:** Gemüseteller aus Erbsen, Artischocken, Bohnen, Vincisgrassi – Lasagne nach Art der Marken; ursprünglich wohl österreichischer Herkunft
**Zampi:** Fleisch vom Rindsfuß, mit frischem Sellerie, Öl und Essig zubereitet

## Öffnungszeiten

**In aller Regel öffnen Restaurants gegen 12.30 Uhr – die Küche arbeitet oft erst ab 13 Uhr –, und sie schließen am Nachmittag, nachdem die letzten Gäste gegangen sind. Am Abend erhält man meist ab 19 Uhr Einlass, und auch dann muss man gegebenenfalls die Zeit bis 19.30 Uhr mit Brot, Grissini, Wein und Wasser überbrücken. In seltenen Fällen schließen die Küchen bereits um 22 Uhr.**

## Pizzerien

In der Nebensaison haben viele Pizzerien nur abends geöffnet.

**Acchiappafantasmi (D 5)**
Via dei Cappellari 66
Tel. 066 87 34 62
Di geschl.
Bus: 64
Pizzen aus verschiedenen Mehlsorten und mit ungewöhnlichen Belägen an.

**Da Baffetto (D 5)**
Via del Governo Vecchio 114
Tel. 066 86 16 17
Bus: 40, 64
Immer gut besuchte Pizzeria nahe der Piazza Navona. Auch Tische im Freien. Vor der Pizza sollte man die typischen *bruschette* von Patron Baffetto probieren. Vorbestellen zwecklos.

**Ivo a Trastevere (D 7)**
Via San Francesco a Ripa 157–158
Tel. 065 81 70 82
Di geschl.
Bus: 75, 170
Typische Trastevere-Pizzeria, in der man auch viele Sorten *bruschetta*, geröstetes, mit Tomaten, Zwiebeln, Knoblauch oder auch Muscheln belegtes Brot, bekommt.

**Rosati (außerhalb)**
Piazzale Adriatico 7
Tel. 06 87 18 17 44
Mi geschl.
Bus: 36
Viele Römer halten diese Pizzeria in Monte Sacro nordöstlich des Zentrums für die beste Roms: Der Teig geht mindestens 48 Std., die Mehlmischung ist Betriebsgeheimnis, die Beläge sind frisch.

## Günstige Trattorien

**Augusto (D 6)**
Piazza de' Renzi 15
Tel. 065 80 37 98
Sa abends und So geschl.
Bus: 23, 65
Menü 20 €. In dieser Trattoria in Trastevere, dem ehemaligen Studenten- und Künstlerviertel, wird mit Papiertischtüchern und Pressgläsern der Stil alter Zeiten beibehalten. Zum Hungerstillen ist das Lokal hervorragend geeignet. Bevorzugen Sie offenen Wein. Tische auch im Freien.

**Fauro (außerhalb)**
Via R. Fauro 44
Tel. 068 08 33 01
So geschl.
Bus: 217
Menü 13 € (nur mittags). Kleine, preiswerte, leider meist stark überfüllte Trattoria hinter dem Theater

Parioli am Nordrand des Zentrums. Ausgezeichnete römische Suppengerichte und Pasta mit Fisch- und Muschelsauce gibt es hier, dazu einfach und doch schmackhaft zubereitete Fisch- und Fleischgerichte, immer frisch. Zum Abschluss Ziegen- oder Schafskäse. Gute Weinauswahl.

**Gemma La Lupa (J 4)**
Via Marghera 39
Tel. 06 49 12 30
So geschl.
Metro: Linie A, B, Termini
Menü 16 €. Die Trattoria, die früher Gemma e Maurizio hieß, liegt nahe dem Hauptbahnhof. Spezialität des Hauses sind Innereien. Gute Weinkarte.

**Osteria dell' Ingegno (E 4)**
Piazza di Pietra 45
Tel. 066 78 06 62
So geschl.
Bus: 116
Wer die Besonderheiten der italienischen Küche kennen lernen möchte, ohne gleich ein Vermögen auszugeben, ist in diesem trendigen, bis nach Mitternacht offenen, Lokal richtig. Umgeben von farbenfrohen Bildern junger Künstler genießt man mal Schwertfischröllchen aus Sizilien oder Filetstückchen von toscanischen Chianana-Rindern in Brunello-Sauce.

**Pommidoro (außerhalb K 5)**
Piazza Sanniti 44
Tel. 064 45 26 92
So geschl.
Bus: 492
Menü ab 26 €. Typisch römische Vorstadtkneipe, trotz der Nähe zum Bahnhof; ein Familienbetrieb, der eine gemütliche Atmosphäre und alles bietet, was die typisch römische Küche aufweist. Treffpunkt vieler Künstler, Journalisten und Politiker.

**La Sagra del Vino/ Da Candido (außerhalb)**
Via Marziale 5
Tel. 06 39 73 70 15
Sa und So geschl.
Bus: 990, 913, 907
Bekannter ist die Trattoria unter dem Namen Da Candido. Sie hat immer als Treffpunkt unter der Woche gegolten. Hier muss man die *polpettoni* (Fleischklößchen) probieren, die als beste von ganz Rom gelten, aber auch das Bohnengemüse mit Fleischeinlage. Artischocken *alla romana* und *Spaghetti amatriciana* gehören zu den geschätzten Spezialitäten. Nur offenen Wein bestellen. Tische auch im Freien.

**Italien ohne Pizza-Bäcker? Das gerade nicht, aber die römische Küche hat mehr zu bieten**

**Drum leer' sein Gläschen jeder aus: weißer Wein und roter Wein gehören zu jedem – und sei es noch so einfachen – Mahl**

## Trattorien der mittleren Preisklasse

**Al Moro (F 4)**
Vicolo delle Bollette 13
Tel. 066 78 34 95
So und im Aug. geschl.
Bus: 52, 53
Menü 45 €. Typisch römische Osteria, klein und gediegen, in der auch die Abgeordneten des nahen Parlaments gern einkehren.

**Galeassi (D6)**
Piazza Santa Maria in Trastevere
Tel. 065 80 37 75
Mo geschl.
Bus: 23,170
Viele Künstler verkehren hier. Spezialitäten: Römische Küche und Fischgerichte.

**Il Drappo (D 5)**
Vicolo del Malpasso 9
Tel. 066 87 73 65
So geschl.
Bus: 64
Menü 35 €. Kleines Lokal mit Blumengirlanden an der Decke. Gute römische Küche.

**La Sagrestia (E 4)**
Via del Seminario 89
Tel. 066 79 75 81
Mi und Weihnachten sowie in der Woche um Ferragosto geschl.
Bus: 116, 119
Menü 32 €. In diesem altrömischen Lokal findet man Reste antiker Mauern. Die Bocca della Verità an der Treppe zum Keller ist nicht echt. Keine Angst, Sie können ihre Hand in aller Ruhe in den Mund stecken – Sie lösen nur ein Klingeln aus. Hervorragendes Buffet.

**Margutta-Vegetariano (E 2)**
Via Margutta 118
Tel. 06 32 65 05 77
Metro: Linie A, Spagna
Menü 26 €, Buffet günstiger (nur So und mittags). Eins der wenigen wirklich guten vegetarischen Lokale Roms. Dabei bleibt es dennoch den Traditionen der römi-

schen Küche verpflichtet, nur eben ohne Fleisch.

**Porto di Ripetta (E 3)**
Via di Ripetta 250
Tel. 063 61 23 76
So geschl.
Bus: 81, 117
Menü ab 28 €. Ein elegantes Restaurant, dessen vielfach prämierter Koch insbesondere Fischgerichte raffiniert zubereitet.

**Vecchia Roma (E 6)**
Piazza Campitelli 18
Tel. 066 86 46 04
Mi geschl.
Bus: 40, 84
Menü 32 €. Restaurant in ruhiger Lage unweit des Kapitols. Die Küchenchefs aus der Region Molise kochen traditionell.

## Traditionslokale

**Checchino dal 1887 (außerhalb)**
Via Monte Testaccio 30
Tel. 065 74 38 16
So und Mo geschl.
Bus: 170, 713; Metro: Linie B, Piramide
Menü 50 €. Das berühmteste lokaltypische Restaurant Roms. Eine ganz an der Tradition ausgerichtete Küche, würzig und sättigend – allerdings für Innereien-Muffel kein Dorado, denn davon ist die Speisekarte voll. Sehr gut auch das *abbacchio* (Milchlamm) als Hausgericht. Die Weinkarte ist hervorragend, vor allem die Tropfen aus der Umgebung. Tische auch im Freien.

**Checco er Carrettiere (D 6)**
Via Benedetta 10
Tel. 065 81 70 18
So abends geschl.
Bus: 23, 280
Menü 50 €. Eines der besonders von den Nostalgikern der 1960er Jahre geschätzten Lokale. Hier, im Herzen Trasteveres, verkehrten damals so ziemlich alle schrägen Vögel der Szene, Hunderte von vergilbten Bildern an den Wänden zeugen davon. Als Vorspeise werden hier meist fritierte Blüten (etwa von Zucchini) geboten, dann folgen *Rigatoni all'amatriciana* (Nudeln mit Räucherspeck) und als Hauptgericht Ochsenschwanz. Die Fischgerichte sind ebenfalls zu empfehlen. Offene Weine bevorzugen. Tische auch im Freien.

**Ciarla (außerhalb)**
Piazza dell' Alberone 11
Tel. 067 80 38 42
Di geschl., Sa/So reservieren!
Metro: Linie A, Ponte Lungo
Menü 35 €. Das nach seinen Eigentümern benannte Restaurant ist in Rom so etwas wie eine Institution – die sechste Generation der Ciarlas bekocht die Römer mittlerweile. Hervorragende Pasta mit Gemüse, Innereien und Fisch, aber auch ausgezeichnete Pizza. Die Weinkarte lässt zu wünschen übrig, doch das nette Ambiente macht dieses Manko wett. Tische auch im Freien. Übrigens gibt es auch eine Nobelvariante dieses Restaurants:
**Alberto Ciarla**
Piazza San Cosimato 40
Tel. 06 581 86 68
So geschl., nur abends geöffnet
Das hochraffinierte Menü kostet allerdings ab 50 €.

**Coriolano (J 2)**
Via Ancona 14
Tel. 06 44 24 98 63
Metro: Linie B, Castro Pretorio
Menü 55 €. Ein Restaurant der Luxusklasse. Sehr zu empfehlen die hausgemachte Pasta, ausgezeich-

neter Fisch, Langusten, Ochsenschwanz, Zicklein und *Involtini alla romana* (Fleischröllchen mit Erbsen). Dazu natürlich alle Sorten und Zubereitungsarten von Innereien. Auch die hausgemachten Nachspeisen begeistern. Das Angebot der offenen wie der Flaschenweine ist sehr gut.

**Costanza (D 5)**
Piazza del Paradiso 63
Tel. 06 68 80 10 02
So geschl.
Bus: 46, 62
Menü 35 €. Im Zentrum nahe dem Corso Vittorio Emanuele II gelegenes Lokal mit reicher Auswahl an Pasta und lecker zubereitetem *abbacchio*. Vegetarier finden viele Gemüsegerichte auf der Karte. Die Weinkarte stellt einen nicht vor die Qual der Wahl, mit einer klaren Antwort auf die Frage »Roten oder Weißen?« ist das Problem meist gelöst. Tische auch im Freien.

**Da Checco al 13 (außerh.)**
Via Aurelia km 13
Tel. 06 66 18 00 96
So abends und Mo geschl.
Bus: 246
Menü ab 35 €. Nahe dem Grande Raccordo Anulare, mit schönem Innenhof. Hervorragende Suppen – etwa die aus Broccoli – und ausgezeichneter Fisch sowie *abbacchio* (Milchlamm). Hausgemachte Nachspeisen, gute Weinkarte.

**Enoteca Corsi (E 4)**
Via del Gesù 88
Tel. 066 79 08 21
So geschl.
Bus: 64, 40
Schnörkellose Osteria hinter dem Pantheon, zu der mittags viele Stammgäste strömen. Typische römische Küche wie herzhafte *Pasta e Ceci* (Bohnen- und Linsensuppe) oder die *Rigatoni al sugo di pajata* (kurze Pasta mit Kuttelnsoße).

**Gusto (E 3)**
Piazza Augusto Imperatore 9/Via della Frezza 23
Tel. 06 32 26 27 3
Bus: 81, 492, 913, 926
Lebhaftes Restaurant mit angeschlossener Pizzeria und Enoteca, die sich gern von anderen Traditionen inspirieren lässt. Unwiderstehliche und fantasievolle Desserts. Guter Weinkeller.

**L' Orso '80 (D 4)**
Via dell' Orso 33
Tel. 066 86 49 04
Mo geschl.
Bus: 30, 70, 64, 116
Menü 30 €. Große Trattoria nahe der Piazza Navona. Antipasti vom Buffetwagen, vor allem Gemüse und Salate, leckere Käse, ausgezeichnete *Spaghetti all' amatriciana* und *Penne all' arrabbiata* (mit sehr scharfer Tomatensauce). Als Hauptgericht empfehlen sich Fisch oder Fleisch vom Grill. Die Pizza wird im Holzofen zubereitet. Kleine, aber erlesene Weinkarte.

**Perilli (außerhalb)**
Via Marmorata 39
Tel. 065 74 24 15
Mi geschl.
Bus: 23, 75
Metro: Linie B, Piramide
Menü ab 25 €. Trattoria im Stadtteil Testaccio mit ausgezeichneter Pasta. Die riesigen Portionen sind nach den Antipasti oder einem leckeren Ochsenschwanz kaum noch zu bewältigen. Wo früher die Droschkenkutscher verkehrten, befindet sich heute ein lärmiges Lokal, das römische Geschäftigkeit ausstrahlt.

**Tempio di Bacco (F 3)**
Via Lombardia 36/38
Tel. 064 81 46 25
Mo geschl.
Metro: Linie A, Barberini
Menü 26 €. In der Nähe der Via Veneto gelegenes, schön dekoriertes Restaurant mit zwei Sälen. Das Antipasti-Sortiment mit vielerlei Gemüsearten ist reichhaltig. *Rigatoni alla carbonara* sollte man auf jeden Fall probieren, alternativ die *Bucatini all' amatriciana*. Als Dessert empfiehlt sich *Torta di ricotta*, Quarktorte. Das Weinangebot überzeugt allerdings nicht, am besten fährt man mit offenen.

## Gehobene Lokale

Die folgenden Adressen zeichnen sich durch sehr gute Küche und ansprechendes Ambiente aus, Menü ab 40 €.

**El Toulà (E 4)**
Via della Lupa 29 b
Tel. 066 87 34 98
Mo und Sa mittags, So, Weihnachten und im Aug. geschl.
Bus: 81, 95
Geschmackvoll eingerichtetes Lokal mit eigener Bar, unter venezianischer Leitung. Sehr kreative Küche, ausgezeichnete Desserts.

**Jeff Blynn's (außerhalb H 1)**
Viale Parioli 103/c
Tel. 068 07 04 44
Bus: 53, 217
Im Winter Mo, Sommer So geschl.
Lokal mit wunderschönem Garten, wo die römische Schickeria ihren Hunger nach frischstem Kaviar und Austern stillt. Am Sonntag Brunch.

**Piccolo Mondo (F/G 3)**
Via Aurora 39 d
Tel. 064 81 45 95
So und im Aug. geschl.
Metro: Linie A, Barberini
Bus: 52, 53, 95
Elegantes Lokal, in dem sich vor allem mittags die feinere Gesellschaft trifft. Römische Küche mit internationalen Akzenten, so niveauvoll, dass die Preise gerechtfertigt sind.

## Luxusrestaurants

In den eleganten, teuren Restaurants mit ausgezeichneter Küche ist eine Reservierung fast immer erforderlich. Für ein Menü pro Person muss man Preise ab 60 € veranschlagen.

**La Luna Piena (E 8)**
Via Luca della Robbia 15–17
Tel. 065 75 02 79
Tram: 3, Bus: 23, 30, 75, 716
Di und Mi mittag geschl.
Typische Osteria im ehemaligen Arbeiterviertel, heute Szenetreff Testaccio. Klassische römische Gerichte wie Pasta alla carbonara oder all'amatriciana, Kutteln und natürlich Abbacchio (Milchlamm).

**La Pergola (außerhalb)**
Via Cadlolo 101
Tel. 063 50 91
Bus: 907,913, 991
So und Mo geschl.
Roms berühmtester Koch ist ein Deutscher: Heinz Beck. Auf der traumhaften Panoramaterrasse des Hilton-Hotels präsentiert er seine Kreationen, die ihm Gourmetkritiker seit Jahren mit Sternen, Gabeln und Kochmützen danken. Wie wärs mit Scampi-Carpaccio, Zucchini-Blüten im Bierteigmantel bekrönt von zwei Wachteleiern und als Dessert Kastanieneis mit Birnenragout auf weißen Trüffeln?

**Relais la Piscine (nördl. F 1)**
Via Aldrovandi, Eingang an der Via G. Mangili 6
Tel. 063 21 61 26
Tram: 19, 3
Vornehm: Der Gast muss klingeln, um eingelassen zu werden. Eine einmalige Mischung aus französischer und italienischer Küche. Man kann hier auch im Garten mit Blick auf den Swimmingpool speisen.

**Sapori del Lord Byron (nördl. F 1)**
Via Guiseppe de Notaris 5
Tel. 063 22 04 04
So geschl.
Tram: 3
In dem luxuriös eingerichteten Restaurant bedienen Sie livrierte Ober. Auf den Teller kommen hochverfeinerte regionale und internationale Spezialitäten.

## Enoteche – Weinlokale

*Enoteche* (Einzahl: *Enoteca*) sind Weinlokale, die aus der gastronomischen Landschaft Roms nicht wegzudenken sind. Meist wird hier zum Wein Brot, Salami und Käse gereicht.

**Achilli al Parlamento (E 4)**
Via dei Prefetti 15
Tel. 066 87 34 46
So geschl.
Bus: 116, Tram: 8
Das Achilli führt neben lokalen auch internationale Weine und ein reiches Sortiment an Weinbrand und Likören.

**Buccone (E 3)**
Via di Ripetta 19
Tel. 063 61 21 54
So geschl.
Bus: 117, 119
In dieser zentral gelegenen *Enoteca* kann man gut nach einem Einkaufsbummel in der nahen Via del Corso einkehren.

**Cul de Sac (D 5)**
Piazza Pasquino 73
Tel. 06 68 80 10 94
Bus: 64
Eines der wenigen Weinlokale in Rom, die auch sonntags geöffnet sind – und eines der traditionsreichsten Roms: ein lang gestreckter Raum mit Hunderten von Weinflaschen in den Regalen und einem nicht allein auf Käse und Salami beschränkten kulinarischen Drumherum. Spezialität des Hauses sind die italienischen Weine.

**Da Bleve (E 6)**
Via S. Maria del Pianto 9
Tel. 066 86 59 70
So geschl.
Bus: 116, Tram: 8
Weinlokal inmitten des ehemaligen jüdischen Ghettos. Nachdem man hier seine Weinwahl getroffen hat, bietet Gastwirt Anacleto Bleve die dazu passenden Speisen an.

**Il Goccetto (C 5)**
Via dei Banchi Vecchi 14
Tel. 066 86 42 68
So geschl.
Bus: 62, 64
Wer hier entspannt, genießt den Wein und die Speisen vom Buffet bei einer dezenten Hintergrundmusik.

**Vineria Reggio (D 5)**
Campo de' Fiori 15
Tel. 06 68 80 32 68
So geschl.
Bus: 64
An Roms Vorzeige-Piazza gelegenes Lokal, das sich auf italienische

**Alter Charme, große Traditionen und noch immer beliebt: Antico Caffè Greco**

Weine und Liköre spezialisiert hat. Dazu gibt es Pizza oder Mortadella-Brötchen vom Bäcker nebenan.

## Cafés und Eisdielen

**Antico Caffè della Pace (D 4)**
Via della Pace 5
Tel. 066 86 12 16
Tgl. 9–2 Uhr, Mo 15–2 Uhr
Bus: 70, 72, 74
Historisches Jugendstilcafé, nur wenige Schritte von der Piazza Navona. Treffpunkt von Künstlern und Schauspielern.

**Antico Caffè Greco (F 3)**
Via Condotti 86
Tel. 066 917 00
Tgl. 8.30–20.30 Uhr
Metro: Linie A, Spagna
Das Interieur des Antico Caffè Greco wirkt ein wenig angestaubt – kein Wunder, das Café blickt immerhin schon auf über 200 Jahre zurück. In diesem traditionsreichsten und sicherlich bekanntesten römischen Café kehrten berühmte Gäste ein: von Goethe bis Ingeborg Bachmann, von Ernest Hemingway bis Audrey Hepburn.

**Caffè Capitolino (F 5/6)**
Piazzale Caffarelli
Tel. 06 678 88 21
Di–So 9–20 Uhr
Bus: 64, 84
Caffè mit kleinen Mittagsgerichten auf herrlicher Panoramaterrasse im zweiten Stock des Palazzo Caffarelli. Fantastischer Rundblick über Rom. Eingang unabhängig von den Kapitolinischen Museen.

**Gelateria Giolitti (E 4)**
Via Uffici del Vicario 37–41
Tel. 06 699 12 43
Bus: 119
Die wohl bekannteste Eisdiele Roms, für Generationen von Römern und Touristen Anlaufstelle während der abendlichen *passeggiata.*

**Rosati (E 2)**
Piazza del Popolo 5
Tel. 063 22 58 59
Metro: Linie A, Flaminio
Straßencafé in gediegenem Ambiente mit Blick auf die Piazza.

Die Geschäftsstruktur in den Altstadtvierteln zeugt noch von ihrer Herkunft aus der mittelalterlichen Zunftordnung; alle Betriebe eines Gewerbes lagen nahe beieinander. Bis heute prägen alte Handwerkerläden manche Gässchen und Plätze: Im Viertel zwischen Pantheon, Largo Argentina und Via del Corso fallen die vielen kleinen Druckereien auf, westlich des Parlamentsgebäudes haben Möbelrestaurateure ihre Adresse, im ehemaligen Ghetto und um den Campo de' Fiori findet man Goldschmiede. Lebensmittel- und Tante-Emma-Läden, die noch das Straßenbild im Ghetto oder in Trastevere prägen, wurden aus dem Centro Storico verdrängt – für sie sind die Mieten nicht mehr bezahlbar.

Mode- und Schuhgeschäfte, Antiquitätenläden und Juweliere gibt es im Centro Storico rund um die Via del Corso in großer Zahl (s. S. 48). Zu den klassischen Einkaufsstraßen zählen auch die Via Cola di Rienzo und Via Nazionale.

## Accessoires & Schuhe

**Barillà Boutique (F 3, E 3)**
Via del Babuino 33
Metro: Linie A, Spagna
Hier wird jeder einen passenden Schuh finden, wenn er das passende Kleingeld dabeihat.

**Klein, aber voller italienischer Köstlichkeiten: Tante-Emma-Laden auf römisch**

**Borini (D 5)**
Via dei Pettinari 86–87
Bus: 40, 64
Designer Franco Borini entwirft seine Schuhe selbst, immer mit Blick auf die neuesten Trends. Trotzdem erschwinglich.

**Campanile (E3)**
Via Condotti 58
Metro: Linie A, Spagna
Eleganz hat ihren Preis. In Turnschuhen sollte man diesen noblen Schuhladen lieber nicht betreten.

**Carry on (G3)**
Via Veneto 165
Metro: Linie A, Spagna
Lederwaren und geschmackvolle Accessoires der mittleren und gehobenen Preisklasse.

**Cuoio Cucito a Mano (E 4)**
Via Sant'Ignazio 38
Bus: 62,64,70
Handgefertigte Koffer, Handtaschen und Portemonnaies – natürlich aus Leder.

**Fausto Santini (F3)**
Via Frattina 122
Metro: Linie A, Spagna
Models und Schauspielerinnen aus aller Welt kaufen hier ihre *calzature*. Das edle Schuhwerk hat natürlich seinen Preis.

**Gucci (F3)**
Via Condotti 8
Metro: Linie A, Spagna
Der Name Gucci steht noch immer für Haute Couture, wenngleich sich die Gründerfamilie zerstritten hat. Unter neuer Regie kam das Lederwaren-, Schuh- und Accessoiregeschäft der oberen Preisklasse wieder auf einen grünen Zweig.

**La Cravatta su Misura (E 4)**
Via del Seminario 93
Bus: 116
Krawatten nach Maß mit ausgesuchten englischen und italienischen Stoffen bietet der winzige Laden von Sig. Pelicanò. Für maßgeschneiderte Krawatten müssen Sie sich zehn Tage gedulden.

**Loco (D 5)**
Via dei Baullari 22
Bus: 40, 64
Flippige, ausgefallene, witzige Schuhe für Modebewusste. Auch für Männer.

**Mondello Ottica (D 5)**
Via del Pellegrino 97-98
Bus: 40,64
Gut sortiertes Brillengeschäft mit klassischen und ausgefallenen Gestellen für Seh- und Sonnenbrillen von den besten italienischen und europäischen Designern.

**Sergio di Cori (F3)**
Piazza di Spagna 53
Metro: Linie A, Spagna
Römer und Römerin, die auf ihr Äußeres besonderen Wert legen, kaufen ihre Handschuhe bei Ser-

## Öffnungszeiten

**Seit 1999 sind den Geschäften 13 Stunden Öffnungszeit täglich gestattet, die auch bis in die Nacht reichen können. Einzelne Läden machen davon Gebrauch, die meisten halten sich aber an die herkömmlichen Zeiten: 10–14, 16–20, in der Nebensaison oft Mo vormittags geschlossen.**

gio. Hier macht es auch Spaß, nur anzuschauen, was man sich so alles über die Finger streifen kann.

## Antiquitäten

In der Via dei Coronari und der Via del Babuino reiht sich ein Antiquitätengeschäft an das andere. In der Via Margutta bei der Spanischen Treppe findet man zahlreichen Kunstgalerien und Kunsthandwerker.

**Alinari (F 3)**
Via Alibert 16 a
Metro: Linie A, Spagna
Das Alinari hat sich auf alte Stiche, Fotos und Reproduktionen spezialisiert, insbesondere auch auf alte Rom-Ansichten.

**Atelier d'Horologerie (E 4)**
Piazza del Parlamento 9
Metro: Linie A, Spagna
Sandro Lebran führt dieses Geschäft mit seiner ausgesuchten Sammlung antiker Uhren: Pendeluhren, Wanduhren und Taschenuhren, die er auch selbst repariert. Prunkstück ist die Wasseruhr aus der Einigungszeit.

**Nardecchia (D 5)**
Piazza Navona 25
Bus: 62, 64, 116
Traditionelle Anlaufstelle für alte Stiche, Aquarelle und Veduten zu Rom, aber auch antike geographische Karten. Schon ab 20 € bekommt man einen kleinen Stich aus dem 19. Jh.

**Tempi moderni (D 5)**
Via del Governo Vecchio 108
Bus: 62, 64
Kurioser Laden mit einer großen Auswahl an Bijouterie von 1880 bis 1980, u. a. vieler Couturiers wie Chanel, Dior oder Balenciaga.

## Buchhandlungen

**Feltrinelli (E 3, H 3)**
Largo Torre Argentina und Via di Vittorio Emanuele Orlando 84–86
Metro: Linie A, Spagna
Eine Verlagsbuchhandlung, insbesondere dem zu empfehlen, der Fotobände, Postkarten, Poster oder Literatur aus der linken und alternativen Ecke sucht. Sonst: neben dem üblichen Sortiment Fachzeitschriften und Kulturperiodika.

**Herder (E 4)**
Piazza di Montecitorio 117
Bus: 52, 53, 119
Eine deutsche Buchhandlung mit Tradition, direkt gegenüber vom Parlament. Sie führt ein breites Sortiment an deutschsprachiger und italienischer Literatur. Umfassendes Angebot auch an Kunst- und Geschichtsbüchern sowie Reiseführern. Wer ›deutsche‹ Beratung sucht, ist hier gut bedient.

**Rizzoli (E 4)**
Largo Chigi 15
Bus: 52, 53
Große Buchhandlung mit umfangreichem Reiseführerangebot sowie fremdsprachiger Literatur.

## Geschenke

**Azi (D 7)**
Via San Francesco a Ripa 170
Bus: 44, 75, Tram: 8
Ausgefallene und originelle Accesoires für Küche und Bad. Viele vom Besitzer Mario Azi selbst entworfen.

**Flaniermeile Via del Corso: Schnickschnack, Mode – alles edel**

**Campo Marzio Penne (E 4))**
Via Campo Marzio 41
Bus: 70, 81, 87
Große Auswahl an Füllern und edlem Schreibmaterial.

**Cartoleria Pantheon (E 4)**
Via della Rotonda 15
Bus: 62, 64, 40, 116
Fundgrube für Kalender, Karten und handdekoriertes Papier.

**C.U.C.I.N.A (E 3)**
Via Mario dei Fiori 65
Metro: Linie A, Spagna
Nützliches und Schönes für die Küche, nicht ganz billig.

**La Città del Sole (E 4)**
Via della Scrofa 67
Bus: 64
Spielzeugladen mit einer großen Auswahl an Holzspielzeug.

**Naka (F 5)**
Via del Corso 149
Bus: 64
Produkte aus Glas und Keramik.

**Trimani (H 3)**
Via Goito 20
Bus: 36, 84
Größte Weinhandlung von Qualität in Rom, aber auch kulinarische Spezialitäten und Weinzubehör.

## Kaufhäuser

Die beiden wichtigsten Ketten sind Rinascente und Upim.

**La Rinascente (F 4)**
Largo Chigi
Bus: 52, 53
Mode, Schmuck, Schuhe, Lederwaren, Kosmetik, Parfum – das Kaufhaus für gehobene Ansprüche. Ästhetische Warenpräsentation in großzügigen Räumen.

**Upim (F 4, F 3)**
Via del Tritone 172
Bus: 60 bzw. 64
Die Upim-Kette bietet das übliche Kaufhaussortiment: Haushaltswa-

**Kleine Marktstände gibt es viele in Rom: nahe der Piazza Spagna**

ren, Kleidung, Schuhe, Lederwaren, Spielzeug. Sonderangebote!

## Märkte

**Campo de' Fiori (D 5)**
Piazza Campo dei Fiori
Mo–Sa 7–13.30 Uhr
Bus: 64
Obwohl ein Teil der Blumenhändler mittlerweile verschwunden ist, macht der Platz seinem Namen noch immer alle Ehre. Obst, Gemüse, Kräuter, Wurst und Fisch: herrlich pittoresk und typisch mediterran.

**Mercato Andrea Doria (außerhalb)**
Via Andrea Doria bis Via Tunisi
Mo–Sa 7–13 Uhr
Metro: Linie A, Ottaviano
Neben Obst, Gemüse und anderen Lebensmitteln gibt es hier auch Kleidung und Trödel.

**Mercato delle Stampe (E 4)**
Largo di Fontanella di Borghese
Mo–Sa 9 Uhr bis Sonnenuntergang
Bus: 60, 62, 63, 81, 117, 175 495
Bücherwürmer stöbern hier nach alten Büchern, Drucken und Kupferstichen.

**Mercato Piazza Testaccio (außerhalb)**
Mo–Sa 7.30–14 Uhr
Metro: Linie B, Piramide
Obst und Gemüse, Käse und Fisch: Hier kaufen die traditionsbewussten römischen Hausfrauen ein.

**Mercato San Cosimato (D 7)**
Piazza San Cosimato
Mo–Sa 7–13 Uhr
Bus: 717
Kleiner Obst-, Gemüse- und Lebensmittelmarkt in Trastevere. Hier bekommt man Kräuter in Hülle und Fülle, köstliche grüne und schwarze Oliven, getrocknete To-

maten, gefüllte Peperoni… (Extra-Tour 5, s. S. 93).

**Mercato Via Sannio (J 7)**
Via Sannio, beim Lateranspalast
Mo–Sa 8–13 Uhr
Metro: Linie A, San Giovanni
Kleider, Schuhe, Spielzeug und Haushaltswaren, auch aus zweiter Hand, zu günstigen Preisen.

**Nuovo Mercato Esquilino (J 5/6)**
Via Turati
Mo–Sa 7–14 Uhr
Metro: Linie A,
Vittorio Emanuele II
Obst, Gemüse, Fisch, Fleisch, Gewürze, Tee, Billigklamotten – der größte Markt der Stadt. Günstig.

**Ponte Milvio (außerhalb)**
An der Milviusbrücke
So 7–13 Uhr
Metro: Linie A bis Flaminio, dann Bus 225
Alle Lebensmittel, die man für einen gut gedeckten Tisch benötigt. Besonders, wenn es Fisch geben soll, kommen die Römer(innen) hierher: Er ist frisch und preiswert. Daneben auch Kleider- und Antiquitätenmarkt.

**Underground (F 3)**
Im unterirdischen Parkplatz Ludovisi, Via S. Francesco Crispi 96
Okt.–April jeden 1. So im Monat 10–19.30 Uhr
Metro: Linie A, Spagna
Flohmarkt für Groß und Klein mit ausgewählten Stücken, schönen Antiquitäten und Kinderkrams.

## Mode

**Angelo Di Nepi**
Via Frattina 2 (F 3),
Via dei Giubbonari 28 (D 5),
Via Cola di Rienzo 267a (C 3)
Metro: Linie A, Spagna
Hosen, Röcke und Jacken in farbenfrohen, luftigen Seidenstoffen

**Brioni (G 3)**
Via Barberini 79-81
Roms elegantester Schneider kleidet nicht nur James Bond. Auch Bundeskanzler Schröder konnte ihm nicht widerstehen.

**Caleffi (E 4)**
Via della Colonna Antonina 53
Bus: 62, 81
Elegante zeitlose Herrenmode auch nach Maß aus englischen und italienischen Stoffen.

**Diesel (E 3)**
Via del Corso 186
Bus: 60, 62, 63, 81, 117, 175, 495
Trotz des Namens uritalienisches

### Flohmarkt Porta Portese

**Jeden Sonntag bietet der Trödel- und Antiquitätenmarkt, der sich von der Via Porta Portese bis zur Via Ippolito Nievo erstreckt, ein pittoreskes Schauspiel. Achtung vor Taschendieben! So 6.30–14 Uhr, Bus 13 oder 23. Doch leider soll dieses Stück unkonventionellen Roms bald weit nach draußen verlegt werden, an den östlichen Stadtrand bei Lunghezza.**

Lable, besonders bei Jugendlichen beliebt.

**Discount dell'Alta Moda (E 3)**
Via Gesù e Maria 14/16a
Metro: Linie A, Flaminio
Haute Couture des Vorjahres zum halben Preis! Die Boutique führt Hosen, Jacken, Blusen der bekannten Designer Giorgio Armani, Versace, Valentino sowie Accessoires. Auch für Männer.

**Energie (E 3)**
Via del Corso 486–87
Metro: Linie A, Spagna; Bus: 81
Jeans, T-Shirts, Gürtel und was man sonst noch für ein flottes Outfit braucht.

**Ferragamo (F 3)**
Via Condotti 73–74
Metro: Linie A, Barberini
Kleider, Handtaschen, Schuhe: edel und zu annehmbaren Preisen.

**Fiorucci (G 4)**
Via Nazionale 236
Bus: 64
Modische Designs, frische Farben – Frauenmode mittlerer Preisklasse.

**Granata (G 4)**
Via Nazionale 33
Bus: 64
Junge Mode für die Jeansfraktion, sehr preiswert und trendy.

**Le Grandi Firme (E 5)**
Via degli Astalli 18 (Piazza Venezia)
Bus: 64, 40
Große Auswahl an Designerstücken der vergangenen Saison zu stark ermäßigten Preisen.

**Lello Calia (G 3)**
Via Veneto 151–153
Metro: Linie A, Barberini
Männermode: Understatement, allerdings nicht bei den Preisen.

## Roms Modedreieck

**Nach Mailand ist Rom Italiens Modehauptstadt Nummer zwei. Alle großen Namen der Haute Couture sind hier vertreten. Alle Modemacher haben ihre Showrooms rund um die Piazza di Spagna, in der Via del Babuino oder der Via Bocca di Leone. In der Via Borgognona liegen die edlen Vitrinen von Laura Biagiotti (43–44), Fendi (36–40), Gianfranco Ferrè (5b–6 a), Moschino (32 a), Gianni Versace (24) und Ermenegildo Zegna (7e). In der Via Condotti findet man Armani (77), Ferragamo (66; 73–74), Prada (88; 92–95), Trussardi (49–50), Dolce & Gabbana (51/52) und Valentino Donna (13). Erschwinglicher wird es in der Via del Corso, der Via Nazionale oder Via Cola di Rienzo, preiswert um den Campo de' Fiori. Achtung: Die Bekleidungsgrößen weichen bei Frauen erheblich von den deutschen ab. Größe 38 entspricht der italienischen Größe 44. Ziehen Sie also immer sechs Nummern ab.**

Schmuck, Schmuck, Schmuck: glänzend soll er sein, edel und schön

**Mettimi giù (F 4)**
Via dei Due Macelli 59e Metro: Linie A, Spagna
»Lass mich runter« nennt sich dieser Kleiderladen für Knirpse von 0 bis 14 Jahren.

**Pure (F 3)**
Via Frattina 111
Metro: Linie A, Spagna
Flotte und sportliche Designermode für Kinder von 0 bis 14 Jahren.

**Rigattieri per hobby (außerhalb)**
Via Luciani 54
Erste Vintage-Adresse Roms. Designermode und Accessoires berühmter italienischer Persönlichkeiten. Vom silbernen Lesezeichen für 15 € bis zum Bikini aus den 60er Jahren für 205 €.

**Valentino (F 3)**
Via del Babuino 61
Metro: Linie A, Spagna
Der bekannte Modeschöpfer, ein gebürtiger Neapolitaner, entwirft Kleidung und dazu passende Accessoires vom Edelschuh über den Edelgürtel und das Edeltuch bis zur Edelhandtasche.

## Schmuck

**Bulgari (F 3)**
Via Condotti 10
Metro: Linie A, Spagna
Gut, edel, teuer – Bulgari ist der Inbegriff für exklusiven italienischen Schmuck.

**Federico Buccellati (F 3)**
Via Condotti 31
Metro: Linie A, Spagna
Nobel ausgestattetes Geschäft der Oberklasse, ein Muss für alle, die edlen Schmuck suchen.

**Raggi (F 3)**
Viale Regina Margherita 71
Bus: 86, 92,
Tram: 19, 3
Gold- und Silberschmuck, Schalen, Leuchter, Nippes aus den edleren Metallen – glänzend, edel, teuer.

Wie jede Metropole bietet auch Rom vielfältigste Möglichkeiten, die Nacht zum Tage zu machen bzw. ganz bewusst das nächtliche Leben zu genießen. Mag sein, dass sich das römische Nightlife nicht mit dem Londons, New Yorks oder Madrids messen kann. Doch ist es keineswegs ein Dornröschenschlaf, den die Römer halten. Zur guten alten Tradition gehört es, sich abends mit Freunden zum Essen zu treffen und die Nacht – wenn das Wetter mitspielt – unter freiem Himmel zu verbringen. Gerade in der Altstadt ist auf allen Plätzen etwas los. Und für ausgedehnte Tafelfreuden wählt man übrigens gern Lokale, in denen man nach dem Essen noch Musik hören und dabei etwas trinken kann.

Wer unentschieden ist, welches Lokal er am Abend ansteuern möchte, wer sich lieber treiben lässt und ziellos auf Tuchfühlung mit dem römischen Nachtleben gehen möchte, begibt sich am besten ins Centro Storico zwischen Pantheon, Piazza Navona und Campo de'Fiori. Hier konzentrieren sich Bars und Cafés. Als Szeneviertel haben außerdem Trastevere und mehr noch der Testaccio Bedeutung, der antike Scherbenhügel, um den herum es eine Reihe an Diskotheken gibt.

## Bars

**Bevitoria (D 4)**
Piazza Navona 72
Tel. 06 68 80 10 22
Mo–Sa 11–24 Uhr
Bus: 64
Gemütliches Lokal am Szenetreff Piazza Navona. Kein Problem, hier den ganzen Abend bei Wein oder Champus zu verbringen und dabei dem Treiben auf dem Platz zuzuschauen.

**Four XXXX (Nebenkarte)**
Via Galvani 29
Tel. 065 75 72 96
Tgl. 19.30–1 Uhr, am Wochende länger
Bus: 23, 75, 280; Metro: Linie B, Piramide
Gut besuchter Pub mit australianischem Bier (Castelmaine XXXX) und südamerikanischer Küche. Am Wochende Livemusik, meist Jazz oder Blues.

**Il Cantinie di Santa Dorotea (D 7)**
Via di Santa Dorotea 9
Tel. 065 81 90 25
Mo–Sa 19–2 Uhr
Bus: 170
Ruhige Enoleca in Trastevere, die sich auf den Ausschank von Prosecco, Sekt und Champagner spezialisiert hat.

**Jonathan's Angels (D 4)**
Via della Fossa 16
Tel. 066 89 34 26
Tgl. 20–2, Sa/So 14.30–2 Uhr
Bus: 64
Gute Cocktails, Live-Musik und ein kurioses Ambiente erwarten den Besucher: Die Theke besteht aus Ofenrohren und Fahrradklingeln, auf den Tischen sind Stern-

***Dolce vita alla romana:* draußen sitzen bei Speis und Trank, hier im Viertel Trastevere**

zeichen eingraviert, und an den Wänden hängen omnipräsent Portraits des Besitzers.

**Le Cornacchie (D 5)**
Piazza Rondanini 53
Tel. 06 68 13 45 44
12–15.30, 19.30–1 Uhr
Bus: 64
Seit den 1960er Jahren ist das Cornacchie beim Pantheon ein Szenetreff. Es hat die Zeiten überdauert. Drinks und Service in etwas kitschig anmutendem Ambiente – nostalgische Poster, Girlanden, Altgold – sind seit Jahrzehnten in der Stadt beliebt. Hierher geht man immer (auch) noch, um gesehen zu werden.

**Pub 64 (D 6)**
Piazza Trilussa 64
Tel. 065 80 38 89
Tgl. 18.30–2 Uhr
Bus: 23, 280
Bar im traditionellen Künstlerviertel Trastevere mit zahlreichen Biersorten und noch mehr Weinen.

**Rive Gauche 2 (K 5)**
Via dei Sabelli 43
Tel. 064 45 67 22
Tgl. 19–2 Uhr
Metro: Linie A, B, Stazione Termini
Pub und Cafeteria, die ausschließlich Jazz bieten – aber nicht zum Tanzen.

**Taverna del Campo (D 5)**
Piazza Campo de' Fiori 16
Tel. 066 87 44 02
Di–So 8.30–1.30 Uhr
Bus: 64
Trendige, stets volle Bar mit ausgesuchten Weinen, Bier und Cocktails. Dazu gibt es kleine Scampi- und Austernhäppchen oder Erdnüsse, deren Schalen bei Ladenschluss den Boden pflastern.

**The Drunken Ship (D 5)**
Piazza Campo de' Fiori 20/21
Tel. 06 68 30 05 35
Tgl. 17–2 Uhr
Bus: 64
Gut besuchte Bar zum Sehen und Gesehenwerden mit lauter Hin-tergrundmusik. Auch Tische im Freien.

## Diskotheken

**Akab (Nebenkarte)**
Via di Monte Testaccio 69
Tgl. 22–4 Uhr
Bus: 27, 92
Ein gehobenes Szenelokal in der neuen Kultgegend des Testaccio, sympathisch eingerichtet, mit ansprechendem Musikprogramm, dessen Schwerpunkt schwarze Töne bilden.

**Alien (H 2)**
Via Velletri 13
Tgl. außer Mo 23–4 Uhr
Bus: 3, 4, 57
Insbesondere von Künstlern der nahen Theater besuchte Diskothek, die sich etwas verzweifelt den Anstrich eines Subkultur-Lokals zu geben versucht.

**Anima (D 4)**
Via dell' Anima 57
Tgl. 20–2 Uhr
Bus 40, 62, 64
Beliebte Disko hinter der Piazza Navona. Die DJs legen vorwiegend Minimal House und Funk auf.

**Black Out (südlich J 8)**
Via Saturnia 18
Fr/Sa 22.30–4 Uhr, unter der Woche unregelmäßig geöffnet
Bus: 4, 613
In dieser Diskothek mit ansprechendem Interieur wird nicht nur die übliche Disko-Musik aus der Konserve geboten. Allwöchentlich

organisiert man interessante Live-Konzerte.

**Caruso (Nebenkarte)**
Via Monte Testaccio 36
Tel. 065 74 50 19
Metro: Linie B, Piramide
Tgl. ab 22.30 Uhr
Eine Afro- und Latino-Musik verpflichtete Disko, sehr viele Live-Veranstaltungen mit Künstlern aus Afrika und Südamerika.

**Gilda (F 4)**
Via Mario de' Fiori 97
Tel. 066 78 48 38
Di–So ab 23 Uhr
Metro: Linie A, Spagna
Mondäner Treffpunkt hinter der Spanischen Treppe mit House- und Commercial-Musik.

**Goa (außerhalb)**
Via Libetta 13
Tel. 065 74 82 77
Tgl. 23–4 Uhr
Wer am Türsteher der In-Disko Roms vorbeikommt, den empfängt ein fast esoterisches Ambiente: Hunderte von Kerzen, große Spiegel, mit kostbaren Stoffen bezogene Kissen und Lampen aus Reispapier. Die DJs gehören zu den besten der Stadt und legen meist House und Jungle auf.

**Jackie O. (G 3)**
Via Boncompagni 11
Tel. 06 42 88 54 57
Di–Sa 21–4 Uhr
Metro: Linie A, Barberini; Bus: 52
VIP-Disko mit Cocktailbar und Restaurant (La Graticola). Ein Treffpunkt der Vornehmen und Reichen der Stadt.

**La Maison (D 5)**
Vicolo dei Granari 3
Tel. 066 83 33 12
Bus: 40, 64

Di–So 22.30–4 Uhr
Erst kürzlich eröffnete Disko in einem ehemaligen Theater aus dem 18. Jh. Zwischen farbigen Kristalllüstern und rot leuchtendem Samt trifft sich das trendigste Publikum Roms zum sehen und gesehen werden. Sonntags »Glam night«, bei der die DJs eine Mischung aus House, Etnomusic und Bossanova auflegen.

**Piper (außerhalb)**
Via Tagliamento 9
Tel. 068 55 53 98
Fr/Sa 23–4 Uhr
Historische Disko Roms, in der viele italienische Popgrößen der 70er Jahre ihre ersten großen Auftritte hatten. Viel House und Ethno.

**Radio Londra (Nebenkarte)**
Via di Monte Testaccio 67
Mo, Mi–So 23.30–4 Uhr
Bus: 27, 92
In Testaccio gelegene Kult-Disko, deren Bunkeratmosphäre zur Zeit der letzte Schrei in der römischen Szene ist.

**Swinging Rom: Im Alexanderplatz lässt sich essen, trinken – und vor allem wirklich guter Jazz hören**

## Live-Musik

**Alexanderplatz (außerhalb)**
Via Ostia 9
Tel. 06 39 74 21 71
Tgl. ab 21 Uhr
Metro: Linie A, Ottaviano
Der Keller im Stadtteil Prati bildet den passenden Rahmen für die niveauvollen Jazzkonzerte, die hier allabendlich geboten werden. Auch für das leibliche Wohl wird hier gut gesorgt.

**Alpheus (außerhalb)**
Via del Commercio 36
Tel. 065 74 78 26
Fr, Sa 22–4 Uhr, sonst variabel
Metro: Garbatella
Ein buntes Live-Musikprogramm – von Rock bis Samba. Meist hat man die Qual der Wahl, weil mehrere Veranstaltungen parallel in den verschiedenen Sälen geboten werde n. Das Alpheus liegt in der Nähe der Großmarkthallen.

**Big Mama (D 7)**
Vicolo San Francesco a Ripa 18
Tel. 065 81 25 51
www.bigmama.it
Tgl. 21–1.30 Uhr
Bus: 26, 44, 97
Hier dreht sich alles um Jazz. Neben international bekannten Interpreten lässt man auch Nachwuchskünstler auftreten.

**Caffè Latino (Nebenkarte)**
Via Monte Testaccio 96
Tel. 065 74 40 20
Di–So ab 22.30 Uhr
Metro: Linie B, Ostiense;
Bus: 27, 713
Im Szeneviertel Testaccio gelegenes Lokal, das in mehreren Räumen ein buntes Live-Musikprogramm inszeniert. Hier kann auch getanzt werden.

**Fonclea (C 3)**
Via Crescenzio 82a
Tel. 066 89 63 02

**Nicht nur für Gays: L' Alibi im Viertel Testaccio**

www.fonclea.it
Tgl. 19–2 Uhr
Metro: Linie A, Lepanto
Klassischer Live-Club mit Auftritten bekannter Blues-, Folk- und Rockmusiker, aber auch guter Nachwuchskünstler.

**Il Locale (D 4)**
Vicolo del Fico 3
Tel. 066 87 90 75
Di–So 22–2 Uhr
Bus: 64
Stimmungsvolles Lokal mit Live-Konzerten neuer italienischer Popgruppen.

**Jazz-Café (D 4)**
Via Zanardelli 12
Tel. 066 86 19 90
Mo–Sa 21.30–2.30 Uhr
Bus: 41, 46, 98, 982
Ein relativ junges Jazzlokal, das in Mode kommt. Das Musikprogramm kann sich sehen lassen – hier treten oft gute Nachwuchskünstler auf. Auch die Bewirtung, kleine Imbisse und Getränke, lässt nichts zu wünschen übrig.

## Gays

**Hangar (H 5)**
Via in Selci 69
Tel. 06 48 81 39 71
Mi–Mo 22.30–2.30 Uhr
Bus: 84
Erste Gay-Bar Roms (seit 1983) mit Disko-Bar, Video und American Bar.

**L'Alibi (Nebenkarte)**
Via di Monte Testaccio 18
Tel. 065 74 34 48
Mi–So 22.30–3 Uhr
Bus: 27, 92
High-Energy-Sound im derzeitigen Kultviertel Testaccio. Überwiegend von Gays besucht, aber hier fühlen sich die VIPs der römischen Gesellschaft ebenfalls wohl.

Wer sich in Rom einen Überblick über das aktuelle Kulturangebot, die *spettacoli* – Konzerte, Opern-, Ballett- und Theateraufführungen – sowie über das Kinoprogramm verschaffen möchte, der greift zur Donnerstagsbeilage von »La Repubblica«, »Trova Roma« oder zur Mittwochsbeilage des »Il Messagero« *Metro*. Jeden Donnerstag erscheint das Heftchen *Roma c'è* mit zahlreichen Veranstaltungshinweisen sowie Tipps zu Restaurants, Nachtlokalen und Märkten. Auch die APT-Büros halten »L'Evento« in Italienisch und Deutsch bereit

## Estate Romana

**Auf vielen Plätzen Roms finden Konzerte sowie Theater- und Filmvorführungen statt. Den Colle Oppio nehmen die Kabarettisten in Beschlag, in der Villa Celimontana finden sich die besten internationalen Jazz-Musiker ein, vor dem Tempietto des Bramante und der Villa Giulia erklingt klassische Musik, in der Villa Ada treffen sich Musiker aus aller Welt, und um die Pferdebahn von Capannelle bei Ciampino sorgen südamerikanische Rhythmen für gute Stimmung.**

## Feste & Festivals

**Januar**

Am **6.** des Monats **Fest der Befana:** Der Name ist eine Verballhornung von *epifania* (Erscheinung des Herrn). Den Kindern gilt Befana als gute Hexe. Einem alten Brauch folgend, erhalten sie von Befana reiche Geschenke. Allerdings gehen immer mehr Römer dazu über, das Beschenken auf das Weihnachtsfest zu verlegen. Mit Beginn des Weihnachtsmarktes (8. Dez.) steht auf der Piazza Navona die Befana mit Eselchen oder Pony – wie in anderen Ländern der Nikolaus.

Am **21. Jan.** kann man in der Kirche **Sant' Agnese Fuori le Mura** der Segnung von Lämmern beiwohnen, deren Wolle später von Nonnen zu Schals verwebt wird – für die Würdenträger der Kirche.

**März**

Am **19.** des Monats **Festa di San Giuseppe:** Der Tag des hl. Josef wird in Rom mit Pfannkuchen und Krapfen gefeiert. Außerhalb von Rom entzündet man Freudenfeuer, mit denen das Ende des Winters gefeiert wird. Landesweit hat sich der Festtag als Vatertag durchgesetzt.

**Zeit der Musik: Rockkonzert während des Sommerfestivals Estate Romana**

**März/April**

**Gründonnerstag:** Der Papst zelebriert eine Fußwaschung in der Laterans-Basilika.

**Karfreitag:** Kreuzweg mit dem Papst im Kolosseum.

**Ostersonntag:** Zum Segensgruß des Papstes ›Urbi et Orbi‹ strömen auf dem Petersplatz Hunderttausende Menschen aus aller Welt zusammen.

Der **25. April** wird in Italien als **Tag der Befreiung** (von der deutschen Besatzung) gefeiert. Die festlichen Aktivitäten, die mit den aufwendigen Paraden augenfällig werden, finden auf der Piazza Venezia und in der Via dei Fori Imperiali ihren pittoresken Höhepunkt.

**Mai**

**Am 1. Mai** traditionelle Kundgebung der Gewerkschaften. Am Abend Open-Air-Rockkonzert mit italienischen und internationalen Popgrößen auf der Piazza S. Giovanni.

**Concorso Internazionale Ippico di Roma** (Internationales Reitsportfest) in der letzten Maiwoche mit Springturnier auf der Piazza di Siena in der Villa Borghese. Zu diesem kulturellen Höhepunkt am Beginn des Sommers führen die Damen erstmals ihre luftige Kollektion für die kommenden Monate vor, während der Staatspräsident Pokale verteilt. Den Abschluss des Turniers am letzten Tag bilden das legendäre Formationsreiten und die Reiterkämpfe, an denen mehr als hundert uniformierte Carabinieri teilnehmen.

**Juni**

**24. Juni: San Giovanni.** Die Johannisnacht vom 23. auf den 24. Juni wird mit Schneckenessen und Feuerwerk am Lateran gefeiert.

**29. Juni:** Fest von **Sankt Peter und Paul,** Feiertag in Rom.

**Juli**

**Ballett- und Opernfestspiele,** meist in den Caracalla-Thermen.

**14. Juli:** Den **Tag der Revolution** feiern die Franzosen vor ihrer Botschaft an der Piazza Farnese.

**Festa dei Noiantri:** Den ganzen Monat hindurch findet das große Volksfest von Trastevere statt.

Die Veranstaltungsreihe **Estate Romana** mit zahlreichen Darbie-

## Cinecittà

**In der Welt des Films spielte und spielt Rom einegewichtige Rolle – sowohl als Szenerie für manchen großen Streifen, der über die internationalen Leinwände lief, wie auch als Produktionsstätte für Kinokunst von »Ben Hur« bis zu Federico Fellinis »La Dolce Vita«. Die Cinecittà (›Filmstadt‹) am Stadtrand wurde 1937 unter Mussolini erbaut und entwickelte sich zu einer Art italienischem Hollywood. Die großen Filme des italienischen Neorealismus wurden hier gedreht – allerdings ist heute die große Zeit der Film-Epen von Francesco Rosi, Roberto Rossellini, Luchino Visconti, Vittorio de Sica vorbei und es werden vor allem Fernsehfilme produziert.**

tungen im historischen Zentrum beginnt (s. Kasten S. 56).

**August**
Am **5. Aug.** feiern die Römer vor der Kathedrale Santa Maria Maggiore die **Festa della Madonna della Neve.** Bei hochsommerlichen Temperaturen beschafft man zu Ehren der Madonna künstlichen Schnee *(neve).*
**Ferragosto:** ›Ferien des Augustus‹ – in der Woche **um den 15. Aug.** (Mariä Himmelfahrt) macht ganz Italien Ferien. Die Römer treffen sich an den Stränden von Fregene, Circeo oder Terracina.

**September**
**Tevere Expo:** Verkaufsmesse und Ausstellung von Produkten aus den römischen Regionen, wobei der Schwerpunkt auf dem Kunsthandwerk liegt. In Trastevere.

**November**
Seit 1997 findet am ersten Wochenende die gastronomische Einladung ›Sapori di roma‹ statt. Restaurants mit dieser Plakette servieren ihre Spezialitäten zum Festpreis.

**Weihnachtszeit**
Am **8. Dez.,** dem Fest der **Unbefleckten Empfängnis,** zu dem der Papst eine Messe auf der Piazza di Spagna liest, beginnt der **Weihnachtsmarkt** auf der Piazza Navona. Zum Fest werden zahlreiche Kirchen mit **Krippen** geschmückt. Den **Weihnachtssegen** erteilt der Papst unter den Blicken vieler Zuschauer am 1. Weihnachtstag auf dem Petersplatz.

**Silvester**
Die **Veglia di Capodanno** begeht man mit Freunden, oft bei einem ausgiebigen Essen im festlich geschmückten Lokal.

### Kino

**Azzurro Scipioni (C 2)**
Via degli Scipioni 82
Tel. 06 39 73 71 61
Metro: Linie A, Ottaviano;
Tram: 19

Italienische und internationale Produktionen mit Niveau. Das Haus gehört Regisseur Silvano Agosti.

**Maestoso (außerhalb)**
Via Appia Nuova 416
Tel. 06 78 60 86
Bus: 9, 85, 87
Dieses große Lichtspielhaus zeigt Filme in vier Sälen.

**Metropolitan (E 2)**
Via del Corso 7 (nahe der Piazza del Popolo)
Tel. 063 20 09 33
Metro: Linie A, Flaminio
Traditionsreiches römisches Kino, viele Uraufführungen.

**Nuovo Sacher (D 7)**
Largo Ascianghi 1
Tel. 065 81 81 16
Tram: 3, 8
Das Kino des römischen Regisseurs Nanni Moretti, der seit seiner Prämierung in Cannes im Jahr 1994 international bekannt wurde. Regelmäßig werden anspruchsvolle internationale Produktionen im Original gezeigt, im Sommer im Freien.

## Cineclubs (Programmkinos)

**Augustus (D 5)**
Corso Vittorio Emanuele II 203,
Tel. 066 87 54 55
Bus: 61, 64, 916

**Grauco (außerh.)**
Via Perugia 34
Tel. 067 82 41 67
Bahn: Richtung Pomezia–Latina Napoli bis Casilina

**Labirinto (C 2)**
Via Pompeo Magno 27
Tel. 063 21 62 83
Bus: 70, 81

**Wurde in Rom zu einer Institution: Improvisationstheater auf Straßen und Plätzen**

## Konzerte

**Accademia Filarmonica Romana (nördlich D 1)**
Via Flaminia 118
Tel. 063 20 17 52 (Information Mo–Fr 10–14, 15–18 Uhr)
Eintrittskarten direkt am Teatro Olimpico erhäkltlich (s.u.): 11–19 Uhr oder Abendkasse
Metro: Linie A, Flaminio, dann weiter mit dem Tram 2 oder 19
Der traditionsreichen Philharmonischen Akademie gehörten bereits Gioacchino Rossini und Giuseppe Verdi an. Große Konzerte mit nationalen und internationalen Starorchestern stehen auf ihrem Programm, meist im benachbarten Teatro Olimpico an der Piazza Gentile da Fabriano nahe dem Tiber (Tel. 063 26 59 91).

**Accademia Nazionale di Santa Cecilia (C 4)**
Konzerte im Auditorio Pio XII
Via della Conciliazione 4
Tel. 063 61 10 64 (Information)
www.santacecilia.it
Bus: 64 bis Piazza San Pietro oder diverse Linien bis Ponte Vittorio Emanuele II
Musikakademie mit langer Tradition: Ihre Geschichte lässt sich bis ins 16. Jh. zurückverfolgen! Der akademieeigene Chor und das Orchester geben regelmäßig Konzerte, dazu kommen Veranstaltungen mit renommierten Gastorchestern und großen Stars wie unter anderen Luciano Pavarotti. Im Sommer gibt die Accademia Konzerte unter freiem Himmel in der Villa Giulia.

**Auditorium Parco della Musica (außerhalb)**
Viale Pietro De Coubertin 30
Tel. 06 80 69 34 44, für Kartenvorbestellung mit Kreditkarte die inneritalienische, kostenlose Servicenummer 800 90 70 80 (Mo–Fr 10–17 Uhr).
www.musicaperroma.it
Bus: 53, 217, 231, 910 oder mit der Metro Linie A bis Flaminio und dann mit der Tram 2
Im April 2002 wurde auf einem Areal von rund 50 000 m² Roms langersehnter Musikpalast eingeweiht. Das Auditorium wurde von Stararchitekt Renzo Piano entworfen. Er setzt sich aus drei Konzerthallen zusammen, die rechtwinklig zueinander um einen amphitheaterähnlichen Platz angeordnet sind. Um ein Optimun an akustischer Qualität zu erreichen, sind die Säle mit Schwarzkiefer und amerikanischer Kirsche ausgekleidet. Von außen erscheinen sie mit ihren asymmetrischen Kuppeln wie riesige Käfer. Doch Piano ließ sich nicht von der Tierwelt inspirieren. Die Form entlehnte er aus der Welt der Musik: eine Mandoline.

## Oper

**Teatro dell' Opera (H 4)**
Via Firenze 72
Tel. 06 48 16 01
www.opera.roma.it
Metro: Linie A, B, Termini;
Busse Richtung Termini
Rom besitzt keine Staatsoper mit festem Ensemble, sondern arbeitet mit wechselnden Intendanten und Schauspielern. So kann sich das große Opern- und Konzerthaus auch nicht mit der Mailänder Scala messen. Das im prunkvollen Stil des ausgehenden 19. Jh. gehaltene Haus gibt auf jeden Fall einen eleganten Rahmen für die Opern- und Ballettabende ab, die in den Monaten Dez.–Juni stattfinden. Im Sommer, während der

**Genuss pur: In Rom lassen sich Opern sommers im Freien genießen**

Estate Romana, verlegt man die Oper- und Ballett-Aufführungen manchmal in die antiken Caracalla-Thermen – Operngenuss unter freiem Himmel.

## Theater

**Teatro Argentina (E 5)**
Largo Argentina 52
Tel. 06 68 80 46 01
www.teatrodiroma.net
Bus: 40, 64, Tram: 8
Wie für die römische Oper gilt auch hier: kein festes Ensemble und daher wechselnde Qualität der Inszenierungen. Neben Klassischem kommen in dem traditionsreichen Theater, das auf das 18. Jh. zurückgeht, Modernes und Experimentelles zur Aufführung.

**Teatro Manzoni (nördl. E 1)**
Via Monte Zebio 14
Tel. 063 22 36 34
Metro: Linie A bis Lepanto
Bus: 280, 495
Ein Kammerspieltheater, in dem meist Komödien gegeben werden.

**Teatro dell' Orologio (D 5)**
Via dei Filippini 17a,
(nahe Piazza Navona)
Tel. 06 68 30 87 35
Bus: 40, 64
Ein Privattheater mit Niveau, auf dessen Bühne Experimentelles und anspruchsvolle Kabarettaufführungen zum Zuge kommen.

**Teatro Parioli (außerhalb)**
Via Giosuè Borsi 20
Tel. 068 02 23 29
Bus: 217
Ein Haus, in dem vor allem Kabarett und Varieté auf dem Programm stehen.

## Bowling

**Centro Bowling Roma**
Viale Regina Margherita 181
(nördlich des Hauptbahnhofs)
Tel. 068 55 11 84
Tram: 3, 19
Das älteste Bowlingzentrum Roms.

**Centro Bowling Brunswick**
Lungotevere Acqua Acetosa (nahe dem Parco di Villa Gori)
Tel. 068 08 61 47

## Fitness

**Iron Body System (südöstl. K)**
Via Appia Nuova 464
Tel. 067 80 11 59
Mo–Sa 11–21 Uhr
Metro: Linie A bis Furio Camillo

**Sporting Palace (außerhalb)**
Via Carlo Sigonio 21 a
Tel. 067 88 79 18
Mo–Sa 9–22 Uhr
Metro: Linie A, Furio Camillo

Kostenlose Gymnastik von Ende April bis Juli in den Parkanlagen der Villa Ada oder Villa Borghese jeden Sonntagmorgen!

## Golf

**Circolo Golf Roma (außerhalb)**
Via Appia Nuova 716a
Tel. 067 80 34 07
Bus: 664, 665
Vornehmster Golfclub Roms.

**Olgiata Golf Club (außerhalb)**
Largo dell' Olgiata 15 (im Nordwesten)
Tel. 06 30 88 91 41
Bus: 201
Bahn: Linie FM 3 (La Storta)

## Joggen

Besonders beliebt sind die Parks der **Villa Doria Pamphili** (A/B 7/8), der **Villa Borghese** (E–G 1/2), der **Parco di Porta** (G 8) hinter dem F.A.O. bei den Caracalla-Thermen und die Hügel des **EUR** (südl. E 8).

## Schwimmen

Das Meer um Rom gehört nicht zu den saubersten. Dennoch gibt es schöne Strände, vor allem südlich von Rom. Empfehlenswert ist der zwei Kilometer lange, unverbaute Sandstrand von **Capocotta** vor einer macchiaüberwuchterten Dünenlandschaft. Im Sommer Verleih von Liegestühlen und Sonnenschirmen. An der Küstenstraße zwischen Ostia und Torvajanica (km 7). Zu erreichen mit den Zug ab Piazzale Ostiense, Ausstieg: Stazione Lido Centro Ostia, von dort weiter mit der Buslinie 061.

**Piscina delle Rose (südl. E 8)**
Viale America 20 (EUR)
Mo–So 8–20 Uhr, von Juni–Sept.

Eintritt: 10 €
Metro: Linie B, Fermi

## Tennis

**Circolo del Tennis degli Acquasanta (südöstl. K 8)**
Via Appia Nuova 716 a
Tel. 067 84 30 79
Bus: 663, 664, 765

**Circolo Tennis Roma (J 8)**
Via Ipponio 11
Tel. 067 00 89 76
Bus: 6, 28, 671

## Rom mit Kindern

**Giardino Zoologico (F/G 1)**
Villa Borghese, Eingang
Viale del Giardino Zoologico
Tel. 063 60 82 11
Tgl. 9.30–17, im Winter 16 Uhr
Eintritt: 8 €, Kinder (4–12 Jahre) 6 €
Bus: 52, 53, 217, 360, 926
Tram: 3, 19
Das **Museo Zoologico** zeigt eine interessante Sammlung von Reptilien, Amphibien und Fischen.

**Park Villa Borghese (E/G 1/2)**
Auf dem kleinen See kann man **Ruderboot** fahren und am Ufer die Vögel füttern. Eine **Mini-Eisenbahn** kutschiert Kinder und Eltern durch die weitläufigen Anlagen.

**Luna-Park EUR (außerhalb)**
EUR-Zentrum nahe Via Cristoforo, Via Industria
Bus: 714
Rummel mit allem, was das Kinderherz begehrt: vom 50 m hohen Riesenrad über Piratenschaukel, einen kleinen Dampfzug, Geisterbahn und Schlauchboote bis zum Zuckerwatteverkäufer und Restaurant. Gleich daneben liegt auch noch die **Sportanlage Tre Fontane** (Fußball, Tennis, Leichtathletik), z. B. für Familienväter, die Frau und Kinder nicht begleiten wollen – oder umgekehrt.

**Teatro delle Marionette degli Accettella (nördl. H)**
Via Giovanni Genocchi 15
Tel. 068 60 17 33
Vorführungen: Sa und So 16.30 Uhr, vormittags für Schulklassen
Eintritt: 7 €
Metro: Linie B, Garbatella, dann weiter mit Bus 716
Eine wunderbare Puppenwelt erschließt sich hier Kinderaugen.

### Calcio

**Wie überall in Italien herrscht auch in Rom große Fußballbegeisterung. Explosiv ist die Stimmung besonders dann, wenn die Lokalrivalen Lazio Roma und AS Roma in der *prima divisione* aufeinander treffen. Möchte man ein Match sehen und mit den *tifosi* auf Tuchfühlung gehen, muss man sich zeitig um Karten (15–130 €) kümmern.**
**Kartenbestellung:**
**AS Roma,**
**Tel. 065 01 91**
**Lazio Roma,**
**Tel. 800 62 56 25.**
**Hier erfährt man, welcher Verkaufspunkt am nächsten liegt.**
**Stadio Olimpico**
**(nördl. D 1)**
**Bus: 32**

## Stadtviertel

Rom wurde, so wird es in der Schule gelehrt, auf sieben Hügeln erbaut: Kapitol, Caelius, Palatin, Quirinal, Viminal, Esquilin und Aventin. Doch für die heutige Stadtgliederung haben diese Namen keine Bedeutung mehr. Übrigens steht Rom auch auf mehr als sieben Hügeln.

**Antikes Rom (F/G 5–7)**
Südlich des Geschäftszentrums erstreckt sich zu beiden Seiten der Via dei Fori Imperiali und auf dem Monte Palatino ein Ruinenfeld mit beeindruckenden Zeugnissen der Antike. An die frühe, republikanische Zeit erinnert das Forum Romanum südwestlich der Monumentalallee, während die Kaiserforen aus den imperialen Epochen auf der anderen Straßenseite liegen. Eindrucksvolle Bauwerke sind neben dem Kolosseum und den Ruinen antiker Tempel und Geschäftshäuser die Triumphbögen des Septimius Severus, des Titus und des Konstantin.

**Centro Storico (E/F 2–5)**
Die mittelalterliche und frühneuzeitliche Altstadt umfasst das Gebiet entlang der Via del Corso, die sich als schnurgerade Straße von der Piazza Venezia zur Piazza del Popolo spannt. Hier, in ihrem Zentrum, hat sich die Metropole mit zahlreichen Renaissance-Palazzi und barocken Brunnenanlagen geschmückt. Magnetische Anziehungspunkte für Besucher sind vor allem die Piazza di Spagna mit der Spanischen Treppe und die Fontana di Trevi (Extra-Tour 3, s. S. 89). Das Gebiet um die Via del Corso ist auch das klassische Geschäfts- und Shopping-Viertel der Stadt: Alle Modeschöpfer mit Rang und Namen haben dort ihre Adresse. Die Via Veneto (s. S. 73) mit ihren Kult-Cafés und Nobelgeschäften begrenzt das Centro Storico an der Ostseite.

**Città del Vaticano (A/B 3/4)**
Der Vatikan auf der anderen Tiberseite, geistliche und weltliche Zentrale der katholischen Kirche, ist ein eigener Staat innerhalb der Ewigen Stadt. Er ist zwar nur 44 ha groß und hat nur ca. 1000 Einwohner, doch stellt er ein souveränes Gebilde dar – mit eigener Polizei und der berühmten Schweizergarde als Wachpersonal, mit eigener Finanzhoheit und dem Papst als absolutem Herrscher. Die Città del Vaticano, von hohen Mauern umschlossen, umfasst die Peterskirche, die Vatikanischen Museen mit der Sixtinischen Kapelle, Verwaltungs- und Wohngebäude sowie die Vatikanischen Gärten (s. S. 78, Extra-Tour 2, S. 87).

**EUR (außerhalb)**
Der noch von Mussolini geplante Stadtteil im Süden Roms wurde im Hinblick auf die Esposizione Universale di Roma (EUR) 1942 konzipiert. Die Weltausstellung kam dann jedoch nicht zustande. Zahl-

reiche Ministerien und Parteizentralen haben im EUR-Komplex ihren Sitz, ebenso wie viele Dienstleistungsbetriebe und eine Reihe interessanter Museen.

**Ginocchio del Tevere/Tiberknie (C/E 4–6)**

Im so genannten Tiberknie, der Flussschleife im Stadtzentrum, liegen bedeutende Bauwerke und Plätze aus der Antike und der Renaissance: das Pantheon (s. S. 70) an der schönen Piazza Rotonda oder die Republikanischen Tempel, die auf dem ehemaligen Diokletiansstadion erbaute Piazza Navona (s. S. 71) oder der Palazzo Madama, Sitz des Senats. Das Viertel zählt zu den traditionsreichsten und ursprünglichsten Roms. Südlich davon das Ghetto, das Viertel der 1555 hier zwangsangesiedelten Juden, aus dem 1943 der deutsche Sturmbannführer Kappler 2000 Menschen verschleppen ließ. In den koscheren Bäckereien und Metzgereien kauft nicht nur die jüdische Bevölkerung Roms gern ein.

**Monte Mario/Trionfale (außerhalb)**

Die beiden Viertel nordwestlich des Vatikans zählen zu den besseren Wohngegenden der Stadt. Von einigen Hügeln bietet sich ein schöner Blick über Rom. Zu Füßen des Monte Mario liegen das Olympiastadion, die Sportanlagen des Foro Italico sowie das im faschistischen Monumentalstil erbaute Außenministerium (Farnesina).

**Testaccio (Nebenkarte)**

Das Viertel entstand auf dem aus antikem Abfall aufgeworfenen gleichnamigen Hügel westlich der Stazione di Ostiense und der Cestius-Pyramide. Im 19. Jh. bestimmte der riesige Mattatoio, der damalige Schlachthof, den Charakter des Viertels. Seit den 80er Jahren des 20. Jh. wandelt sich

**In der Antike ein Stadion, heute ein Platz mit schmuckem Brunnen und ein gesellschaftlicher Mittelpunkt Roms: Piazza Navona**

das proletarisch geprägte Viertel erneut, wird zu einem Szeneviertel (Extra-Tour 4, s. S. 90).

**Trastevere (C–E 6–8)**
Wer Rom besucht, römisches Leben sucht, macht sich auf ans andere Tiberufer, nach Trastevere, einst ein billiges Künstler- und Studentenviertel. Trastevere entwikkelte ein ganz eigenes Flair, wurde zum Szene- und Vergnügungsviertel, eine Atmosphäre, die die Besitzer der zahlreichen Bars und Restaurants heute zumindest versuchen zu pflegen – und zu vermarkten. Trastevere ist Kultviertel geblieben. Nordwestlich der Siedlung erhebt sich der nach dem doppelgesichtigen Gott Janus benannte Monte Gianicolo, auf dem sich die Römer vor allem am Sonntag treffen: Während die Frauen plauschen, lauschen die Männer der Fußballübertragung am Transistorradio. Vom Hügel genießt man einen herrlichen Blick auf Rom.

## Monumente, Straßen und Plätze

**Ara Pacis Augustae (E 3)**
Via di Ripetta
Tel. 06 68 80 68 48
Metro: Linie A, Flaminio
Der Friedensaltar wurde zu Ehren von Kaiser Augustus 13–9 v. Chr. errichtet, nachdem er seine Feldzüge in Spanien und Gallien beendet hatte und eine Epoche des Friedens einkehrte. Bilderfriese, die zu den großartigsten Beispielen antiker Plastik zählen, schmükken die marmornen Außenwände des Monuments: In einer Prozessionsszene ist Augustus selbst zu erkennen. Das seit dem 16. Jh. verlorengeglaubte Kleinod konnte 1937 an dieser Stelle wieder zusammengefügt werden. Am Sokkel prangen die »Res gestae«, ein ›Rechenschaftsbericht‹ des Kaisers. Wegen Bauarbeiten Besichtigung derzeit nur von außen möglich.

**Arco di Costantino (G 6)**
Piazza del Colosseo
Metro: Linie B, Colosseo
Den größten der römischen Triumphbögen errichtete man 315 n. Chr. zur Feier des Sieges Konstantins I. über Maxentius an der Milviusbrücke, wo der Kaiser seine Konversion zum Christentum gelobt haben soll. Die Reliefs zeigen seine Feldzüge und Taten.

**Arco di Settimio Severo (F 6)**
Foro Romano, s. S. 68f.

**Arco di Tito (G 6)**
Foro Romano, s. S. 68f.

**Bocca della Verità (F 7)**
Santa Maria in Cosmedin, s. S. 75

**Campo de' Fiori (D 5)**
Bus: 64
Der belebte Platz in kleinstädtisch anmutender Umgebung ist der ›säkularste‹ Roms: Nicht eine einzige Kirche steht hier, dafür säumen ihn kleine Läden und gute, nicht zu teure Restaurants und Trattorien. Gleiches gilt für die kleinen Gassen in seiner Umgebung. Mitten auf dem Platz ragt die Statue von Giordano Bruno auf, den die Inquisition hier im Jahr 1600 wegen Ketzerei hinrichten ließ. Vormittags werden rund um den Philosophen Marktstände aufgebaut, an denen es unendlich viele Blumen *(fiori)* gibt.

**Campidoglio (F 5/6)**
Piazza del Campidoglio, s. S. 70

**Castel Sant'Angelo (C 3/4)**
Lungotevere Castello
Tel. 066 81 91 11
Di–So 9–19 Uhr
Eintritt: 5 €
Bus: 62, 64, 87, 280
Das Mausoleum der Kaiserfamilie Hadrians, im 2. Jh. errichtet, blieb erhalten, wurde jedoch immer wieder verstärkt. Im Mittelalter diente die Anlage den Päpsten als Trutzburg. Ihren Namen verdankt sie einem Engel, der Gregor I. 590 das Ende der Pest bedeutet haben soll. Später wurde die Burg zur Kaserne umfunktioniert; während des Faschismus kerkerte man hier Regimekritiker ein. Heute ist sie ein Forum für Ausstellungen und Konzerte (mit Waffenmuseum).

**Circo Massimo (F 7)**
Via del Circo Massimo
Metro: Linie B, Circo Massimo
Mit über 500 m einst die längste Pferdewagenrennbahn der Antike. Die *spina*, den erhöhten Mittelstreifen, auf dem Obelisken und Wendemarken standen, kann man noch erkennen. Hier fanden halsbrecherische Rennen statt, ein Schauspiel, an dem bis zu 250 000 Zuschauer Vergnügen fanden (Extra-Tour 1, s. S. 85).

**Colonna di Marco Aurelio (E 4)**
Piazza Colonna
Bus: 52, 53
Bildersäule aus dem 2. Jh. n. Chr., mit einer spiralförmig aufsteigenden Szenenfolge aus dem Krieg gegen die Sarmanter und Markomannen. Seit 1589 von der Statue des hl. Paulus bekrönt.

**Colosseo (G 6)**
Piazza del Colosseo
Tel. 067 00 42 61
Tgl. 9–15.30 Uhr, Herbst und Frühjahr 9–17.30, im Sommer 9–18 Uhr
Eintritt: 8 € (einschließlich Palatin)
Metro: Linie B, Colosseo
Das mit einem Umfang von 527 m und einer Höhe von 57 m größte Amphitheater der Welt wurde 72–80 n. Chr. unter den flavischen Kaisern erbaut und heißt deswegen auch *Anfiteatro flavio.* Den Namen Kolosseum verdankt das Wahrzeichen Roms einem Monument, das seinem Bau weichen musste – einer kolossalen Statue Kaiser Neros. 80 000 Menschen fanden hier auf den Zuschauerrängen Platz. Zum Schutz gegen die Sonne spannte man Segeltuch über der Tribüne auf. Im Rund der 76 x 46 m großen Arena fanden Gladiatorenkämpfe, Tierhatzen.

**Sich im Ruhm sonnen: Erinnerung an große Triumphe – der Konstantinsbogen**

**Engelsburg (C 3/4)**
Castel Sant' Angelo, s. o.

**Fontana di Trevi (F 4)**
Piazza di Trevi
Bus: 52, 53
Der berühmteste Brunnen Roms wurde durch Filme wie »Drei Münzen im Brunnen« oder »La Dolce Vita« weltweit bekannt. Der 1751 an den Palazzo Poli gebaute riesige Wasserspeier, 20 m breit und 26 m hoch, beherrscht den kleinen gleichnamigen Platz, auf den es jeden Rom-Besucher zieht, um eine Münze in den Brunnen zu werfen (Extra-Tour 3, s. S. 89).

**Fori Imperiali/Kaiserforen (F/G 5/6)**
Via dei Fori Imperiali
Metro: Linie B, Colosseo
Vom Kolosseum aus folgen einander auf der rechten Seite der Monumentalallee Via dei Fori Imperiali das Vespasiansforum, 60–75 n. Chr. erbaut, das des Augustus, 42 v. Chr. als Erweiterung des zu klein gewordenen Forum Romanum auf der anderen Straßenseite geschaffen, dann die Trajansmärkte mit ihrem gut erhaltenen, sechs Stockwerke hohen Ladenkomplex und quer dazu das Trajansforum (78–117 n. Chr.) mit der **Trajanssäule.** 40 m hoch ist die Ehrensäule des Trajan und mit spiralförmig aufsteigendem, insgesamt 200 m langem Bilderfries geschmückt. Szenen aus den Kriegszügen gegen die Daker (Anfang 2. Jh.) sind dargestellt. Bekrönt wird die Colonna Traiana seit dem 16. Jh. von einer Statue des hl. Petrus. Auf der gegenüberliegenden Seite der Via dei Fori Imperiali befindet sich unter dem Straßenniveau das Forum Cäsars (Extra-Tour 1, s. S. 84).

**Foro Romano (F/G 6)**
Via dei Fori Imperiali
Tel. 066 99 01 10
Tgl. 9–18.30, im Winter bis 15.30 Uhr

## Katakomben

**Wie die Römer, so nutzten auch die frühen Christen unterirdische Katakomben als Grablegen. Sie galten als heilige und daher unantastbare Stätten, in denen in Zeiten der Christenverfolgung Gläubige Zuflucht vor ihren Häschern fanden. Bis heute blieben einige Katakomben gut erhalten und können besichtigt werden (für je 5 €):**
**– Domitilla: Via delle Sette Chiese 282, Tel. 065 11 03 42, 8.30–12, 14.30–17, im Sommer bis 17.30 Uhr, Di und im Jan. geschl.**
**– Priscilla: Via Salaria 430, Tel. 06 86 20 62 72, 8.30–12, 14.30 –17, im Sommer bis 17.30 Uhr; Mo und im Jan. geschl.**
**– Sant' Agnese: Via Nomentana 349, Tel. 068 61 08 40, 9–12, 16–18 Uhr, Mo nachmittags und an kirchlichen Feiertagen morgens geschl.**
**Weitere Katakomben liegen an der Via Appia Antica (s. S. 72).**

Metro: Linie B, Colosseo
Eingänge: am Kapitol, beim Titusbogen, am Largo Romolo e Remo
Das Forum Romanum ist entlang der Via sacra hinauf zum Titusbogen frei zugänglich. Es ist die antike Marktplatz- und Tempelanlage aus vorkaiserlicher Zeit. Am südseitigen Fuß des Kapitolhügels ragen zwischen der Rostra, der Rednertribüne des antiken Roms und dem Tabularium, dem antiken römischen Stadtarchiv, der Saturntempel (498 v. Chr.) und der **Triumphbogen des Septimius Severus** auf, der für den Kaiser und dessen Söhne 203 n. Chr. errichtet wurde. Die Reliefs feiern erfolgreiche Feldzüge und die Gefangennahme von Germanen. An der Via Sacra – vom Septimius-Severus-Bogen in Richtung **Titusbogen** – liegen die Basilica Julia (46 v. Chr.), die Curia (303 n. Chr.), die Basilica Aemilia aus dem Jahr 149 v. Chr., der Tempel der Dioskuren (496 v. Chr.), der Tempel der Vestalinnen, der Tempel des Kaiser Antoninus und der Faustina (146 v. Chr.), der runde Romulus-Tempel, Sohn des Kaisers Maxentius (307 n. Chr.) und die Maxentius-Basilika (4. Jh.). Auf der Anhöhe hinter dem Titusbogen links der Tempel der Venus und der Roma (135 n. Chr.).

### Mausoleo di Augusto (E 3)

Piazza Augusto Imperatore
Nur Sa/So 10–13 Uhr,
Tel. 06 67 10 38 19
Metro: Linie A, Flaminio
Augustus ließ den Rundbau mit 89 m Durchmesser für sich und seine Familie als Mausoleum errichten. Man sieht noch die Außenmauern und Teile der Grabkammer.

### Monumento Nazionale a Vittorio Emanuele II (F 5)

Piazza Venezia
Busse: alle Linien zwischen Stazione Termini und Vatikan
Dem ersten italienischen König nach der Reichseinigung gewidmetes Denkmal, 1860–70 am Nordhang des Kapitolhügels errichtet. Die 135 m breite Anlage mit dem Reiter-Standbild von König Viktor Emanuel und dem Vaterlandsaltar sowie dem Grab des Unbekannten Soldaten wirkt sehr monumental. Seit kurzem ist die Aussichtsterrasse wieder begehbar und bietet einen herrlichen Rundblick auf das Dächermeer der Altstadt.

### Palatin (F/G 6/7)

Zugang: Forum Romanum
Eintritt: 8 €
Metro: Linie B, Colosseo
Zahlreiche Gebäude und Einrichtungen der einstigen Prunkbauten der Kaiser, Relikte aus den Anfängen der Siedlungsgeschichte Roms (Extra-Tour 1, s. S. 85).

### Palazzo Chigi (E 4)

Piazza Colonna
Bus: 52, 53
Der 1562–1630 erbaute Renaissancepalast ist Sitz des Ministerpräsidenten. Den Platz vor dem Gebäude schmückt die Marc Aurel-Säule (s. S. 67).

### Palazzo Montecitorio (E 4)

Piazza Montecitorio
Bus: 52, 53
Sitz des Abgeordnetenhauses. Den Obelisken Psammetichs II. aus dem 6. Jh. v. Chr. ließ Pius VI. auf dem Platz aufstellen.

### Palazzo del Quirinale (F 4)

Via del Quirinale
Bus: 71
1574 wurde dieser riesige Renaissancepalast als Sommerresidenz der Päpste begonnen, nach der Reichseinigung Italiens 1870 dien-

te er als Sitz der Könige, und seit 1946 residiert hier der italienische Staatspräsident. Auf der Piazza davor – mit schöner Aussicht über die Dächer des Tiberknies – die Dioskuren Castor und Pollux mit ihren Pferden.

**Palazzo Venezia (E/F 5)**
Piazza Venezia
Tel. 06 69 99 42 43
Di–So 8.30–19 Uhr
Eintritt: 4 €
Bus: 64
Der älteste Renaissancepalast von Rom, 1455 vom späteren Papst Pius II. erbaut. Vom Balkon des Gebäudes hielten Kardinäle und Staatsmänner, auch Benito Mussolini, ihre Reden. Das Kunsthistorische Museum zeigt Holz-, Terrakotta- sowie Marmorskulpturen aus Mittelalter und Renaissance.

**Pantheon (E 5)**
Piazza della Rotonda
Tel. 06 68 30 02 30
Mo–Sa 8.30–19.30, So 9–18 Uhr
Bus: 46, 64
Fast vollkommen erhaltener Rundtempel mit Säulenvorbau, im Jahr 27 v. Chr. errichtet, nach einem Brand im 2. Jh. wieder aufgebaut. Er besitzt die größte freitragende Kuppel von Rom, die mit 43,2 m Durchmesser die des Petersdoms übertrifft. Durch die 9 m große Öffnung in der Kuppel fällt sanftes Licht auf den reich verzierten Marmorfußboden. Neben Raffael sind hier die Könige Viktor Emanuel II. und Umberto I. begraben.

**Piazza del Campidoglio (F 5/6)**
Bus: 64
Nach Plänen Michelangelos wurden der Platz mit seinen drei Palazzi und die zur Piazza Venezia weisende Treppenrampe gestaltet. Der Palazzo Senatorio, Sitz des römischen Bürgermeisters, und der Palazzo dei Conservatori entstanden im 16., der Palazzo Nuovo im 17. Jh. Konservatorenpalast und Neuer Palast beherbergen die Kapitolinischen Museen (s. S. 77). Auf

**Volles Leben vor Raffaels Grablege: Piazza Rotonda und Pantheon**

der Piazza steht das einzige antike Reiterstandbild des Marc Aurel (in Kopie, das Original befindet sich in den Kapitolinischen Museen).

**Piazza della Repubblica (H 4)**
Metro: Linie A, Repubblica
Den Platz vor der Kirche Santa Maria degli Angeli ziert ein Najadenbrunnen von Rutelli (1901).

**Piazza della Rotonda (E 4)**
Bus: 46, 64
Der Platz vor dem Pantheon, gesäumt von Cafés und beliebter Treffpunkt, ist mit einem Brunnen von Della Porta und einem ägyptischen Obelisken geschmückt.

**Piazza di Spagna (F 3)**
Metro: Linie A, Spagna
Der Platz mit der berühmten **Spanischen Treppe,** die sich zur Kirche **Santissima Trinità dei Monti** hinaufschwingt. Der Barcaccia-Brunnen zu Füßen der Scalinata di Spagna oder Trinità dei Monti stammt von Berninis Vater, daneben erhebt sich der Palazzo di Propaganda Fide, das ehemalige Amt für die Verbreitung des Glaubens. Im Frühling finden auf der Treppe vielbeachtete Modenschauen statt. In den Platz mündet die Nobeleinkaufsstraße Via Condotti (Extra-Tour 3, s. S. 89).

**Piazza Navona (D 4/5)**
Bus: 64
Auf den Grundmauern eines Stadions (Rennbahn) des Domitian aus dem 3. Jh. erbaut, daher die langgestreckte ovale Form des Platzes (240 x 65 m). Im Zentrum steht der Vierströme-Brunnen Berninis, am oberen Ende der Mohren-, am unteren der Neptunbrunnen. Die Kirche mit dem Namen Sant' Agnese in Agone, aus dessen Verballhornung ›Navona‹ wurde, Sant' Agostino sowie der Palazzo Pamphili, den Papst Innozenz X. seiner Schwägerin Donna Olimpia bauen ließ, säumen die stets belebte Piazza (Extra-Tour 3, s. S. 88).

**Meisterstück der Renaissance: Piazza del Campidoglio**

**Piazza San Pietro (B 4)**
Metro: Linie A, Ottaviano oder Cipro-Musei Vaticani
Das Entree zum Vatikan, 1656–76 von Bernini in Form zweier Halbkreise mit vierfacher dorischer Säulenreihe gestaltet, die mit 140 Heiligenstatuen gekrönt sind. Die Säulenreihen formen eine Ellipse von 240 m Länge. Stellt man sich auf die im Boden markierte Stelle, nimmt man auf der anderen Seite nur noch eine einzige Säule wahr. Der Obelisk (Platzmitte) stammt aus dem ägyptischen Meliopolis, die Brunnen schufen Bernini bzw. Maderna. Den Eingang in den Vatikan bewachen Schweizergardisten (Extra-Tour 2, s. S. 86).

**Piazza Venezia (F 5)**
Bus: 64

Der erste im Stil der Renaissance gestaltete Platz, angelegt nach der Rückkehr der Päpste aus Avignon. Ihn säumen der Palazzo Venezia aus dem 15. Jh. (s. S. 70), der Palast der Versicherungen (1911) und das monumentale Denkmal für Viktor Emanuel II. Hier beginnt die Haupteinkaufsstraße Via del Corso, eine der Verkehrsadern der Innenstadt Roms.

**Ponte Rotto (E 6)**
Am Ponte Palatino
Bus: 57
Die ›kaputte Brücke‹ im Tiber, die bei Hochwasser mitunter überspült wird, ist der einzige Brükkenbogen aus altrömischer Zeit.

**Ponte Sant' Angelo (C 4)**
Bus: 64
Die mittleren Bögen dieser Tiberbrücke gehen auf das 3. Jh. n. Chr. zurück. Schüler des berühmten Bernini schufen die zehn Engelsfiguren auf dem Geländer.

**Spanische Treppe (F 3)**
Piazza di Spagna, s. S. 71

**Teatro di Marcello (E 6)**
Via del Teatro di Marcello
Bus: 57
Von Cäsar begonnenes, von Augustus fertiggestelltes und dessen Enkel gewidmetes Theater. Die beiden übereinanderliegenden Arkadenreihen sind noch gut erkennbar. Im Mittelalter fügten Fürstenfamilien Aufbauten hinzu.

**Templi Repubblicani (E 5)**
Largo Argentina
Bus: 64, Tram: 8
Vier guterhaltene, etwa 8 m unter dem heutigen Straßenniveau freigelegte Tempel aus dem 4.–3. Jh. v. Chr. (Zuwidmung nicht bekannt).

**Terme di Caracalla (G 8)**
Via delle Terme di Caracalla
Tel. 065 75 86 26
Mo 9–13, Di–So 9–18.30 Uhr, im Winter bis 15.30 Uhr; Eintritt: 5 €
Metro: Linie B, Circo Massimo
Antike Bäderanlage aus dem 3. Jh. n. Chr., in der Tausende Menschen Platz fanden. Sie wurde bis vor kurzem für Konzerte genutzt. Eindrucksvolle originale Bodenmosaiken, die schönsten gelangten allerdings in die Vatikanischen Museen.

**Terme di Diocleziano (H 4)**
Santa Maria degli Angeli s. S. 74f.

**Via Appia Antica (südl. H 8)**
Bus: 218
Die berühmteste Straße des Altertums, seit dem 4. Jh. v. Chr. angelegt, führte von der Stadtmauer Roms bis nach Brindisi. An diesem antiken Verbindungsweg mit z. T. erhaltenem alten Pflaster ließen sich die vornehmen Römer ihre Grabmäler errichten. Am besten erhalten ist das der Cecilia Matella, welches der Tribun Crassus für seine Schwiegertochter erbauen ließ. An der Via Appia liegen auch einige christliche Katakomben:
**Catacombe di San Callisto:**
Via Appia Antica 110,
Tel. 06 51 30 15 80, tgl. 8.30–12, 14–17, im Sommer 14.30–17.30 Uhr, Mi und im Feb. geschl., Eintritt 5 €
**Catacombe di San Sebastiano:**
Via Appia Antica 136,
Tel. 067 85 03 50, Mo–Sa 8.30–12, 14.30–17, im Sommer bis 17.30 Uhr, So und vom 10. Nov. bis 10. Dez. geschl., Eintritt 5 €

**Via del Corso (E/F 2–5)**
Bus: 64
Von der Piazza Venezia führt die

Via del Corso durch zwei mächtige Palazzo-Zeilen Richtung Norden: Früher war die Straße vor allem während der Karnevalstage Rennstrecke für Athleten wie für Pferde. Der Corso ist die bedeutendste Einkaufsmeile der Stadt.

**Via Veneto (G 3)**
Metro: Linie 1, Barberini
Ihren legendären Ruf verdankt die Via Veneto Fellinis Film »La Dolce Vita«. Die Via Veneto ist mit ihren noblen Geschäften und Grandhotels einer der Vorzeigeboulevards der Stadt. In ihren Straßencafés treffen sich VIPs und solche, die es werden wollen. Es geht nur um eins: sehen und gesehen werden.

## Öffnungszeiten

**Die Öffnungszeiten der Kirchen und Museen ändern sich häufig. Sehenswürdigkeiten sind im Allgemeinen mindestens zu den Kernzeiten zwischen 10 und 13 Uhr geöffnet.**

## Kirchen

**Petersdom (A/B 3/4)**
San Pietro in Vaticano, s. u.

**San Giovanni in Laterano (J 7)**
Piazza San Giovanni in Laterano
Tgl. 7–19 Uhr
Metro: Linie A, S. Giovanni
San Giovanni, im 4. Jh. begründet, ist die älteste der vier Patriarchalbasiliken der Stadt. Seit die Päpste im 15. Jh. ihren Sitz in den Vatikan verlegten, ist San Giovanni Titularkirche des Papstes als Bischof von Rom. Sie wurde mehrfach umgestaltet, zuletzt der Innenraum 1650 von Borromini, die Fassade 1733–36 von A. Galilei. Das Gotteshaus wirkt äußerst kühl und schlicht. In den Seitenflügeln birgt es einige mittelalterliche Grabmäler und barocke Kapellen, der Kreuzgang wurde für das Heilige Jahr 1600 mit mittelalterlich anmutenden Gemälden geschmückt.

An die Kirche schließt sich der **Lateranspalast** an, ein strenger Renaissancebau. Die Heilige Treppe gegenüber, **Scala Santa**, soll Christus einst selbst bestiegen haben, bevor die hl. Helena sie hierher versetzte. Fromme Pilger rutschen die 28 heiligen Stufen auf den Knien hoch zur Kapelle **Sancta Sanctorum.**

**San Paolo fuori le Mura (außerhalb)**
Tgl. 7.30–18.40 Uhr
Metro: Linie B, Ostiense
Eine der vier Patriarchalbasiliken aus der Frühzeit des Christentums. Mitte des 19. Jh. musste sie nach einem Brand wieder aufgebaut werden. Den imposanten Säulenhof am Eingang fügte man später hinzu. Eindrucksvoll ist der weitgehend original erhaltene Kreuzgang aus dem 12. Jh. Schön restaurierte byzantinische Goldmosaiken schmücken die Kathedrale im Innern und über der Eingangsfront.

**San Pietro in Vaticano (A/B 3/4)**
Piazza San Pietro
Tgl. 7–19 Uhr
Bus: 64, 40
Der Petersdom, eine der vier Patriarchalbasiliken Roms, wurde von 1506–1626 auf dem Gelände

**Bis 1989 das größte Gotteshaus der Welt: St. Peter**

einer Vorläuferkirche über dem Grab des hl. Petrus erbaut. Die ursprünglichen Pläne für das größte und mächtigste Gotteshaus der Christenheit gehen auf Bramante zurück, Carlo Maderno schuf die Fassade, Michelangelo konstruierte dann die riesige Kuppel. Die Form des römischen Kreuzes bildet den Grundriss der Kirche (Extra-Tour 2, s. S. 86f.).

**San Pietro in Vincoli (G 5/6)**
Piazza S. Francesco di Paola
Tgl. 7–12.30, 15.30–19 Uhr
Metro: Linie B, Cavour
Die Kirche aus dem 5. Jh. wurde 1475 umgestaltet und im 18. Jh. restauriert. Unter dem Hochaltar sind Ketten ausgestellt, mit denen der hl. Petrus angeblich gefesselt war. Im Innern befindet sich das von Michelangelo begonnene Grabmal Papst Julius' II., dazu die berühmte Moses-Statue (1513).

**Sant'Agnese in Agone (D 4/5)**
Piazza Navona
Tgl. 7–12.30, 15.30–19 Uhr
Bus: 64
Hier soll der Überlieferung nach die hl. Agnes nackt an den Pranger gestellt worden sein. Sant' Agnese – auf dem Grundriss eines griechischen Kreuzes – mit freskenbemalter Kuppel und marmornen Altarskulpturen ist eine der schönsten Barockkirchen Roms Erbaut wurde sie 1562–1657.

**Sant'Andrea della Valle (D/E 5)**
Corso Vittorio Emanuele II
Tgl. 7–12.30, 15.30–19 Uhr
Bus: 64
Die helle Kirche entstand im 16. Jh., am Übergang von der Renaissance zum Barock. Die Größe ihrer Kuppel wird nur von der des Petersdoms (und des Pantheons) übertroffen. Die Gebeine der besonders kunstsinnigen Päpste Pius II. und Pius III. haben hier ihre letzte Ruhestätte gefunden.

**Sant' Ignazio (E 4/5)**
Piazza Sant' Ignazio
Tgl. 7–12.30, 15.30–19 Uhr
Bus: 64
Die Kirche am bizarr anmutenden Rokoko-Platz ist mit Marmorskulpturen ausgestaltet. Beeindruckend die illusionistische Malerei, die die Kuppel an der Decke als absolut echt erscheinen lässt.

**Santa Maria in Aracoeli (F 5/6)**
Am Kapitolhügel
Tgl. 7–12.30, 15.30–19 Uhr
Bus: 64
Die Kirche wurde im 5. Jh. in die oberen Stockwerke eines altrömischen Apartmenthauses hineingebaut und im 12. Jh. teilweise umgestaltet. Das Gotteshaus zeigt romanisch-gotische Züge. Mosai-

ken aus dem 13. Jh., schöner Fußboden, geschnitzte Holzdecke, Fresken berühmter Maler.

**Santa Maria degli Angeli (H 4)**
Piazza della Repubblica
Tgl. 7–12.30, 15.30–19 Uhr
Metro: Linie A, B, Termini
Die zweitgrößte Kirche Roms wurde 1563 in einen Teil der antiken Diokletiansthermen gebaut und wesentlich von Michelangelo gestaltet. Die Granitsäulen, die die Kuppel tragen, sind noch original, die Piazza war früher die Wandelhalle der Thermen.

**Santa Maria dell'Anima (D 4)**
Via S. Maria della Pace
Tgl. 7–12.30 Uhr
Bus: 64
Die deutsche Nationalkirche besitzt eine Renaissancefassade und einen Turm von Bramante. Im Presbyterium befindet sich das Grabmal Hadrians VI.

**Santa Maria della Pace (D 4)**
Gegenüber S. Maria dell' Anima
Tgl. 7–12.30 Uhr
Bus: 64
Von Ponticelli 1480 erbauter Komplex mit einer als Halbrund gestalteten Säulenfront am Eingang, einer Kuppel, die auf einem Achteck ruht, Fresken und den berühmten »Sybillen« Raffaels.

**Santa Maria in Cosmedin (F 7)**
Piazza Bocca della Verità
Tgl. 7–13, 14.30–19 Uhr
Bus: 57
Die mittelalterliche Kirche überließ Hadrian I. im 8. Jh. den Griechen, die sie mit schönen Mosaiken ausschmückten. Der hohe Glockenturm stammt aus dem 12. Jh. Berühmt ist die **Bocca della Verità** am Portikus, ein runder Marmorstein von gut 1 m Durchmesser, der ein Gesicht mit geöffnetem Mund darstellt: Der ›Mund der Wahrheit‹, soll helfen, Lügenbolde zu entlarven. Demjenigen, der flunkert, wird die hineingesteckte Hand abgebissen (Extra-Tour 4, s. S. 90).

**Santa Maria in Trastevere (D 6)**
Piazza Santa Maria in Trastevere
Tgl. 8.30–12.30, 15.30–19 Uhr
Bus: 23, 65, 181
Die erste offiziell in Rom zugelassene christliche Kirche, im 3. Jh. von Calixtus erbaut, wurde 1130–43 von Innozenz II. neu gestaltet. Die Mosaiken aus dem 12. und 13. Jh. – ursprünglich zierten sie die Außenfassade – schützte man 1702 durch einen Portikus, unter dem sich auch Sarkophage und Gedenktafeln befinden. Die Innendecke ist aus geschnitztem Holz, die Triumphbögen und Decken sind mit Mosaiken aus dem 12. Jh. verkleidet (Extra-Tour 5, s. S. 93).

**Santa Maria Maggiore (H 5)**
Piazza Santa Maria Maggiore
Tgl. 7–19 Uhr
Metro: Linie A, B, Termini
Ebenfalls eine der vier Patriarchalbasiliken aus dem Altertum, ein schönes Gotteshaus, in dem sich 1500 Jahre Baugeschichte zu einem harmonischen Ganzen gefügt haben: Es wurde 431 über einem Vorgängerbau errichtet, die Apsis kam im 12. Jh. dazu, der Glockenturm 1337, im 17. Jh. wurde die Rückfront zur Piazza dell' Esquilino neu gestaltet, im 18. Jh. die Hauptfassade restauriert – und doch wirkt das Gotteshaus wie aus einem Guss. Die Kassettendecke ist vergoldet, im Mittelschiff finden sich 36 Mosaikbil-

**Kleinod unter den römischen Kirchen: Santa Maria Maggiore**

der aus dem 5. Jh., im Hintergrund das geheimnisvoll golden leuchtende Mosaik der triumphierenden Madonna im byzantinischen Stil. In der Confessio unter dem Hauptaltar werden Krippenreliquien aufbewahrt, davor die Marmorskulptur Pius IX. (1880). Im Hintergrund des rechten Seitenschiffes die Sixtinische Kapelle mit den Grabmälern von Pius V. und Sixtus V. Links mehrere Kapellen, die von Michelangelo oder seinen Schülern gestaltet wurden.

**Santissima Trinità dei Monti (F 3)**
Tgl. 9–12, 16–18 Uhr
Metro: Linie A, Spagna
Die 1585 eingeweihte französische Nationalkirche thront über der Spanischen Treppe – unweit der von Napoleon requirierten Villa Medici, dem heutigen Sitz der französischen Kunstakademie.

**Sixtinische Kapelle (A/B 3/4)**
s. S. 78, Extra-Tour 2, s. S. 87

## Museen

**Hinweis:** Zutritt immer bis 45 Min. vor Torschluss. Einige Museen erfordern eine Vormerkung für bestimmte Uhrzeiten!

**Art Center Acea Montemartini (außerhalb)**
Via Ostiense 106
Di–So 9.30–18.30 Uhr
Eintritt: 4,13 €
Metro: Linie B, Garbatella
»Maschinen und Götter« heißt die ständige Ausstellung dieses eigenwilligen Museums, in dem klassische Archäologie sich mit Industriearchäologie vereint. Im einstigen Elektrizitätswerk glänzen antike marmorne Statuen vor schwarzen gusseisernen Heizkesseln.

**Casa di Goethe (E 3)**
Via del Corso 18
Mi–Mo 10–18 Uhr, Di geschl.,
Eintritt: 3 €
In diesem Haus lebte Goethe 1786–88. Die wechselnden Aus-

stellungen beschäftigen sich mit seiner Italienischen Reise.

**Galleria Borghese (G 1/2)**
Piazza Scipione Borghese 5
Di–So 9–19 Uhr
**Vormerkung erforderlich**
Einlass ab 9 Uhr alle zwei Stunden, letzter Einlass um 17 Uhr
Eintritt: 8,50 €
Bus: 52, 53
Das Lustschloss aus dem 17. Jh. im gleichnamigen Park birgt die Kunstsammlung von Kardinal Borghese, u. a. Skulpturen von Bernini und Canova sowie Gemälde von Tizian und Raffael.

**Galleria Colonna (F 5)**
Via della Pilotta 17
Sa 9–13 Uhr, Aug. geschl.,
Eintritt: 7 €
Bus: 56, 64
Zum Adelspalast der Familie Colonna, bis 1730 ausgestaltet, zählen die ehemalige Familienkirche Santi Apostoli und eine Gemäldesammlung mit Werken u. a. von Tintoretto, Veronese, Poussin.

**Galleria Comunale d' Arte Moderna e Contemporanea (F 3)**
Via F. Crispi 24
Di–Sa 9–18.30, So 9–13.30 Uhr
Eintritt: 2,58 €
Metro: A, B, Spagna u. Barberini
Hier wird italienische Malerei des 20. Jh. gezeigt.

**Galleria Doria Pamphili (E/F 5)**
Piazza del Collegio Romano 2
Fr–Mi 10–17 Uhr, Eintritt: 7,30 €
Bus: 64
Ab dem 15. Jh. errichteter Stadtpalast mit bedeutender Gemäldesammlung von Bellini, Lippi, Caravaggio, Tizian, Breughel, Velázquez.

**Galleria Nazionale d' Arte Antica e Palazzo Barberini (G 4)**
Via Quattro Fontane 13
Di–So 9–19 Uhr,
Eintritt: 5 € (Gemäldegalerie), 1,03 € (antike Gemächer).
Metro: Linie A, Barberini
Der barocke Palazzo (16. Jh.) birgt u. a. Gemälde von Piero della Francesca, Raffael, Caravaggio.

**Galleria Nazionale d' Arte Moderna (F 1)**
Via delle Belle Arti 131
Di–So 9–19 Uhr
Eintritt: 6,50 €
Tram: 3, 19
Größte Sammlung italienischer Kunst des 19. und 20. Jh.

**Galleria Nazionale di Palazzo Corsini (C 6)**
Via della Lungara 10
Di–So 8.30–19.30 Uhr
Eintritt: 4 €
Bus: 23, 280
Vorwiegend europäische Malerei des 16.–18. Jh. im Stadtpalast der Corsinis (erbaut: 15.–18. Jh.).

**Musei Capitolini (F 5/6)**
Piazza del Campidoglio 1
Di–So 9–20 Uhr; Eintritt: 7,75 €
Bus: 64
Der Palazzo dei Conservatori und der Palazzo Nuovo beherbergen die Kapitolinischen Museen, deren Grundstock die Sammlungen von Papst Sixtus IV. bilden. Im Konservatorenpalast beachte man insbesondere die etruskische Wölfin. In der Pinakothek sind Werke von Rubens, Domenichino, Bellini, Tizian, Tintoretto und Caravaggio zu sehen. Im Hof beeindrucken Fragmente der Kolossalstatue Kaiser Konstantins. Auch der Palazzo Nuovo enthält eine Fülle antiker Büsten und Skulpturen; be-

achtenswert sind hier zahlreiche Objekte aus der Kaiservilla Hadrians bei Tivoli.

**Musei Vaticani (A/B 3/4)**
Viale Vaticano
März–Okt. 8.45–14.20 Uhr, Jan., Feb., Nov. und Dez. 8.45–12.20 Uhr; So geschl. mit Ausnahme des letzten So im Monat (dann Eintritt kostenlos), geschl. auch am 1. und 6. Jan., 11. Febr., 19. März, Ostersonntag und Ostermontag, 1. Mai, Pfingsten, 29. Juni, 15. Aug., 1. Nov., 8., 25. und 26. Dez. sowie an kirchlichen Feiertagen; Eintritt: 10 €
Metro: Linie A, Cipro Musei Vaticani; Bus: 64
Roms größtes Museum ist eine Leistungsschau der Kunst; dargeboten in den schon an sich überwältigenden Räumen, die große Künstler für die verschiedenen Päpste ausgestalteten. Das Spektrum der Sammlung reicht von ägyptischen Exponaten über etruskische, griechische und römische Skulpturen (u. a. die Laokoon-Gruppe) und Reliefs bis zur Kunst der Renaissance und des Barock. Höhepunkte sind zwei Raumgestaltungen: die Stanzen des Raffael, der im Auftrag von Papst Nikolaus V. mehrere Räume ausmalte, sowie die Sixtinische Kapelle (1473–84) mit ihren renovierten Fresken und Deckengemälden – Meisterwerke Michelangelos (Extra-Tour 2, s. S. 87).

**Museo della Civiltà Romana (außerhalb)**
Piazza G. Agnelli 10 (EUR)
Di–Sa 9–18.15, So 9–13 Uhr, Eintritt: 4,13 €
Metro: Linie B, Fermi; Bus: 714
Dokumentation des Lebens und der Architektur im römischen Altertum: Meist handelt es sich um Abgüsse oder Kopien wichtiger Gebäude, Haushaltsgegenstände, Kriegsgerät und ein 100 $m^2$ großes Weichbild

**Vatikanische Museen: spindelförmig gedrehter Treppenaufgang**

Roms aus der Zeit des Kaisers Konstantin.

**Museo Nazionale Etrusco di Villa Giulia (E 1)**
Piazzale di Villa Giulia 9
Di–So 8.30–19.30 Uhr
Eintritt: 4 €
Metro: Linie B, Flaminio; Tram: 3, 19
In der Villa Papst Julius' III. untergebrachte Sammlung zur etruskischen Kunst und Kultur: berühmte Sarkophage, zahlreiche Haushaltsgegenstände und Schmuck aus dem 7.–3. Jh. v. Chr.

**Museo Nazionale in Palazzo Altemps (D 4)**
Piazza Sant' Apollinare 47
Di–So 9–19 Uhr,
Eintritt: 5 €
Bus: 64
Das neu restaurierte Museum zeigt die weltberühmte Sammlung Ludovisi und wertvolle Kopien griechischer Originale.

**Museo Nazionale in Palazzo Massimo (H 3/4)**
Largo di Via Peretti 1
Di–So 9–19.30 Uhr, Eintritt: 6 €
Mosaiken, Fresken, Statuen geordnet nach Kunstzyklen. Tempelteile, Statuen und Dokumente aus vorkaiserlicher, wie der »Apoll aus dem Tiber« und das »Mädchen von Anzio«.

## Parks

**Villa Ada (außerhalb)**
Bus: 135, 235, 319
Im Nordosten der Stadt, eine noch weitgehend unbebaute Fläche.

**Villa Borghese (E–G 1/2)**
Vom Zentrum in 20 Min. zu Fuß
Gut 200 ha große Grünanlage mit kleinem See, dem Laghetto mit

**Spaß für Jung und Alt: Park der Villa Borghese**

dem Äskulap-Tempel auf einem Inselchen (Ruderbootverleih). Wandelpromenaden und Pinienhaine sowie eine Reitanlage, ein Zoo, Kinderspielplätze und Espresso-Bars runden das Angebot ab. Am Rand auf dem Monte Pincio gibt es einen schönen Aussichtsplatz.

**Villa Doria Pamphili (außerhalb.)**
Via Aurelia Antica
Bus: 14, 144
Großer Park mit Seen und Bächen, Ponyreiten und Restaurationseinrichtungen.

**Villa Glori (außerhalb)**
Bus: 95
Schöne Grünanlage im Norden, mit gutem Baumbestand.

## Castelli Romani

Über die Via Appia Nuova gelangt man in die wunderbaren Albaner Berge zu den hier liegenden Gemeinden – z. B. Castel Gandolfo, Albano, Ariccia, Nemi, Velletri, Rocca di Papa, Marino, Grottaferrata, Frascati und Monte Porzio Catone. Die meisten entwickelten sich aus mittelalterlichen Befestigungen und dienten im 16. und 17. Jh. den Adelsfamilien als Landsitze. Auch die schönen Seen lohnen einen Besuch, so etwa der Lago Albano, der sich in landschaftlich reizvoller Umgebung in einem erloschenen Vulkankrater ausdehnt. Sehr bekannt sind vor allem **Castel Gandolfo** als traditioneller Sommersitz des Papstes; des weiteren **Ariccia,** wo eine besonders wohlschmeckende *porchetta* (geröstetes Schwein) serviert wird, sowie **Frascati** inmitten sonniger Weinhänge.

20–30 km südöstlich von Rom. Mit dem **Auto:** über die Via Appia Nuova nach Castel Gandolfo. Mit der **Bahn:** von der Stazione Termini mit der Bahn nach Albano. Der Zug hält an den wichtigsten *castelli*.

## Cerveteri

Das alte Caere war Handels- und Machtzentrum der Etrusker vom 8.–4. Jh. v. Chr. Heute kann man in der Nekropole (etwa 6 km außerhalb der modernen Stadt, mit dem Bus zu erreichen), der Totenstadt, viele freigelegte unterirdische Grabkammern besichtigen, die nur zum sehr geringen Teil noch mit bunten, wenn auch verblassten Malereien geschmückt sind. Das Museo Nazionale Cerite im Castello Ruspoli an der Piazza S. Maria Maggiore in Cerveteri zeigt einige Fundstücke aus dieser einst vom etruskischen Volk dicht besiedelten Gegend (Nekropolen: Di–So 9–19, im Winter bis 15.30 Uhr, Mo geschl., Tel. 069 94 00 01, Eintritt: 4 €).

Eine andere etruskische Fundstätte befindet sich weitere 50 km nordwestlich ebenfalls nahe des Thyrrhenischen Meers: **Tarquinia.**

Ca. 50 km nordwestlich von Rom. Mit dem **Auto:** über die A 12 bis Ausfahrt Cerveteri/Ladispoli oder die Via Aurelia. Mit der **Bahn nach Tarquinia:** Vom U-Bahn Halt Lepanto (Linie A) Richtung Civitavecchia.

## Ostia Antica

335 v. Chr. wurde die Siedlung an der Mündung des Tiber gegründet und avancierte im Römischen Reich zu einem der wichtigsten Handels- und Kriegshäfen. Die Versandung, durch die die Stadt immer weiter vom Meer abgeschnitten wurde, ließ sie allmählich in Bedeutungslosigkeit versinken. Die Ausgrabungsstätten liegen außerhalb der heutigen Stadt Ostia und sind eines der best-

erhaltenen Zeugnisse antiker Wohn- und Lebenskultur in Italien. Man wandert zwischen vollständig erhaltenen Bauwerken auf antikem Pflaster einher und gewinnt einen umfassenden Eindruck von einer Stadt des Römischen Reichs. Besonders schön ist es, im Sommer einer Aufführung im griechischen Theater beizuwohnen. Das Museum zeigt viele Fundstücke (Di–So 8.30–18, im Winter bis 16 Uhr, Eintritt: 4 €).

Ca. 20 km südwestlich von Rom. Mit dem **Auto:** über die Via Ostiense oder die A 201 Richtung Ostia. Mit der **Metro:** Linie B bis Stazione Ostiense (Piramide) und von da weiter mit der Bahn.

## Palestrina

Palestrina gilt als Naherholungsziel der Römer. Imposant ist der Tempel der Fortuna Primigenia (4. Jh. v. Chr.), der unter anderem Sitz eines legendären antiken Orakels war. Das obere und untere Heiligtum sind durch Treppen und Rampen miteinander verbunden. Im 11. Jh. wurde in die obere Anlage der Barockpalast Colonna-Barberini (1640) hineingebaut. Hier befindet sich ein Museum mit Schätzen aus der Antike, darunter das berühmte Nil-Mosaik aus dem 2. Jh. v. Chr., eine farbenprächtige Darstellung des Nildeltas (tgl. 9–19 Uhr, Eintritt: 3 €).

38 km östlich von Rom. Mit dem **Auto:** über die Via Casilina oder die A 2 bis San Cesareo und weiter über die Statale 155. Mit dem **Zug:** Ab Stazione Termini Richtung Cassino oder Frosinone, in Zagarolo aussteigen.

## Die Villen bei Tivoli

Das Städtchen Tivoli liegt bereits in den Tiburtiner Bergen. Hier lohnen die alten und romantischen Villen einen Besuch. Die **Villa d' Este** ließ sich im 16. Jh. der Kardinal Ippolito d' Este, Mitglied der ehrwürdigen Adelsfamilie aus Ferrara, erbauen. In dem wunderschön mit vielen Terrassen und Treppen angelegten Garten kann man zwischen unzähligen Wasserspielen, Fontänen und Springbrunnen Erholung vom anstrengenden Großstadtrummel suchen (Di–So 8.30–18.45, im Winter bis 16 Uhr, Mo geschl., Eintritt: 6,50 €).

Die **Villa Adriana,** etwa 5 km von Tivoli entfernt, ließ sich der ›Philosophenkaiser‹ Hadrian (117–138) als Sommerresidenz errichten. Zwischen Pinien und alten Eichen erstrecken sich auf einer riesigen Fläche Regierungsgebäude, Tempel, Plätze, Thermen, Theater, Wohntrakte, Kasernen, eine Akademie und ein Stadion für Festspiele. Die bis jetzt nur zum Teil freigelegte Anlage kann man sich am Eingang als Gipsmodell anschauen (tgl. 9–18, im Winter bis 15.30 Uhr, Eintritt: 6,50 €).

Ca. 35 km östlich von Rom. Mit dem **Auto:** über die Via Tiburtina. Mit dem **Bus nach Tivoli:** von der Metro-B-Station Ponte Mammolo mit COTRAL-Bus Via Tiburtina bis Tivoli; **zur Villa Adriana:** ebenfalls COTRAL-Bus Via Tiburtina bis zum Ort Villa Adriana, dann Bus zur Villa, zu Fuß ca. 20 Min. oder mit dem nur alle 1–2 Stunden verkehrenden COTRAL-Bus Via Prenestina, der 200 m vor dem Eingang hält.

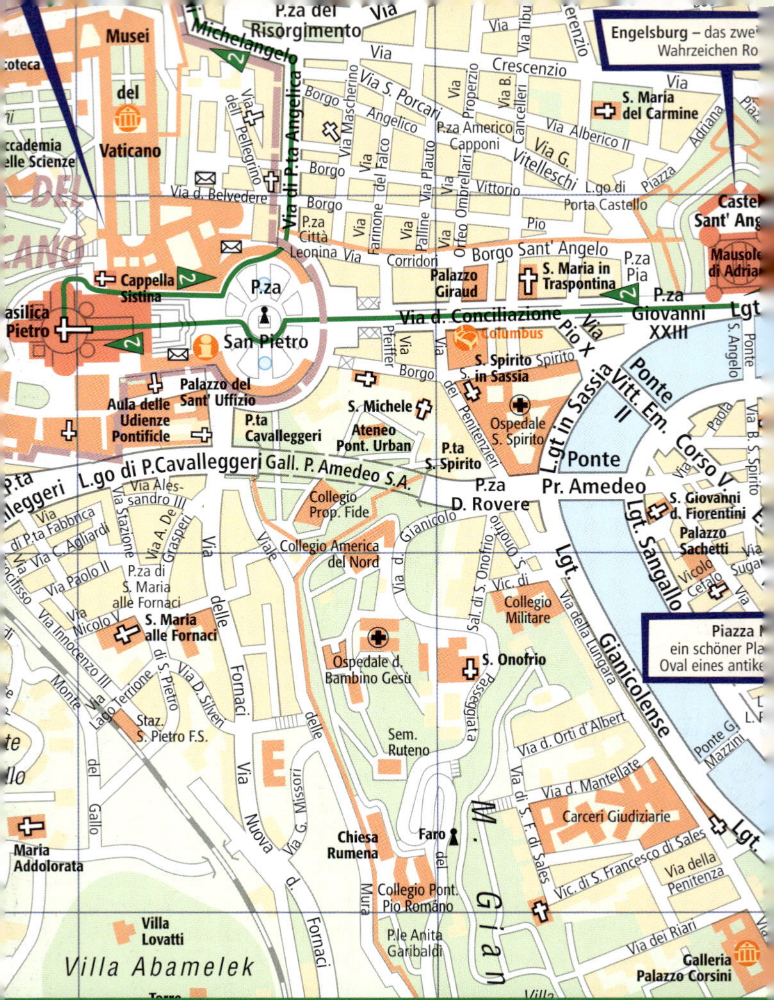


# EXTRA-

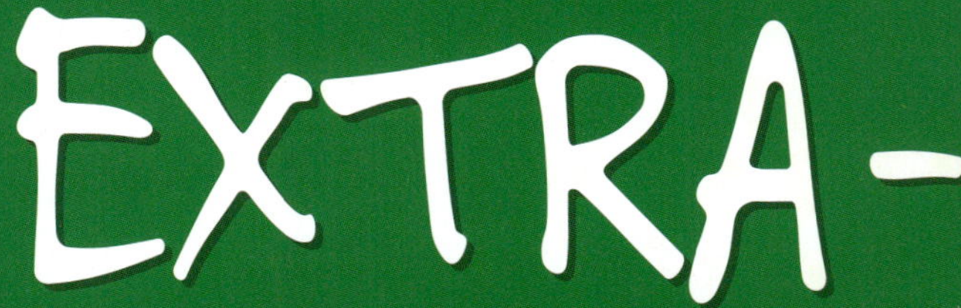

## Fünfmal Rom – Von der Antike bis zum Szeneviertel

**1.** Ein Ausflug in die Antike

**2.** Zu Besuch beim Papst

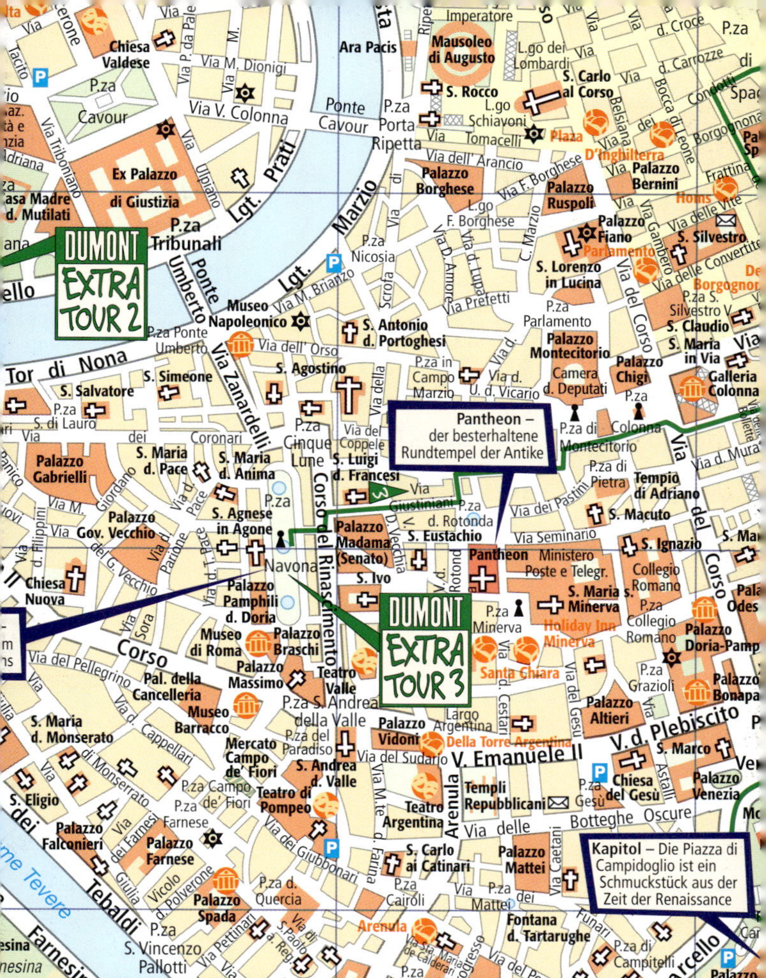


# Touren

**3.** Römische Treffpunkte – Plätze und Brunnen

**4.** Auf den Spuren von Rebellen und Freigeistern – Streiflichter eines anderen Rom

**5.** Trastevere – Ein Kultviertel

## Ein Ausflug in die Antike

Am Ende des 1. Jh. n. Chr. hatte Rom mindestens 1 Mio. Einwohner: Es war die größte und mächtigste Stadt der Welt. Zu dieser Zeit hatte sie sich bereits weit über die tibernahen Hügel Kapitol und Palatin ausgebreitet. Ein eindrucksvolles Ruinenfeld zeugt noch vom Glanz des einstigen ›caput mundi‹.

Der **Monte Capitolino,** 50 m hoch, trug die wichtigsten Gebäude des antiken Rom, darunter den Tempel des Jupiter Capitolinus, das bedeutendste Heiligtum der Stadt. Hier lag die Machtzentrale des römischen Imperiums. Ihre Anlagen öffneten sich zum benachbarten Forum, dem von prächtigen Bauten bestandenen antiken Marktplatz. Dies änderte sich im 16. Jh., als man die Piazza del Campidoglio, den Kapitolsplatz, nach Michelangelos Plänen zu einem Renaissanceplatz ausgestaltete und das Ensemble mit einer Rampentreppe zur Altstadt im Tiberknie ausrichtete. Der Palazzo dei Senatori, Sitz des Bürgermeisters, der Palazzo dei Conservatori und der Palazzo Nuovo mit den **Kapitolinischen Museen** (F 5/6, s. S. 77f.) umstehen heute den Platz. Seitlich des Senatorenpalastes bietet sich ein herrlicher Blick über das Forum Romanum.

Über die hügelab führende **Via Sacra** betritt man wie in der Antike das **Forum Romanum** (F/G 6, s. S. 68f.), heute ein Feld mit Tempelruinen und anderen Gebäuderesten, mit Statuen und Säulenstümpfen – damals Roms geschäftigster Platz. Links des Triumphbogens des Septimius Severus (203 n. Chr.) liegt die Kurie, zu Zeiten des Römischen Reiches Sitzungsgebäude des Senats. Flammende Reden hielten die Imperatoren und Senatoren nicht nur im Gebäude, sondern – an das Volk – auch von der *rostra,* der antiken Rednertribüne rechts des Triumphbogens. Die Basilica Julia, an den Säulenreihen zu erkennen, ließ Cäsar 46 v. Chr. erbauen, davor erhebt sich die Fassade des Saturntempels.

Längs der ›Heiligen Straße‹ liegen mehrere Tempel und das Haus der Vestalinnen, die das Feuer der Göttin Vesta hüteten. Die Frauen waren 20–30 Jahre zur Jungfräulichkeit verpflichtet, bei Verstoß wurden sie lebendig begraben. Vor den Stufen des Antonius-Pius-

**Forum Romanum: beeindruckendes Ruinenfeld der Antike**

Faustina-Tempels ist noch der Altarsockel zu erkennen.

Steil ragen die Wände der **Maxentius-** bzw. **Konstantinsbasilika** in den Himmel. Mächtige Gewölbe überspannen die Seitenschiffe. Dem Renaissancearchitekten Bramante diente die Basilika neben dem Pantheon als Vorbild für den Bau der Peterskirche. Beim Triumphbogen des Titus mit seinen gut erhaltenen Reliefs (s. S. 69) führt der Weg zum **Palatinshügel** – hier wird die Begehung eintrittspflichtig. Auf dem Hügel finden sich Fundamente der ältesten Hütten Roms, die durch ihre Fresken berühmte Casa di Livia (z.Z. wg. Restaurierung geschl.) und die imposanten Reste der Kaiservillen.

Von der Südseite des Palatin kann man die am Fuß des Hügels gelegene Anlage des **Circo Massimo** (F 7, s. S. 67) gut erkennen: Die über 500 m lange Pferderennbahn wurde in den 1950er Jahren durch das legendäre Wagenrennen im Hollywood-Klassiker »Ben Hur« berühmt. Im Eintritt enthalten ist der Besuch des Antiquariums mit zahlreichen Funden aus den Kaiservillen und dem alltäglichen Leben des antiken Rom.

Der nahe **Konstantinsbogen** (G 6) aus dem Jahr 315 ist der letzte und auch größte der kaiserlichen Triumphbögen, die Rom zu bieten hat (s. S. 66).

Sport und (blutige) Spiele wurden im antiken Rom groß geschrieben. Davon zeugt das **Kolosseum** (G 6, s. S. 67), ein Höhepunkt antiker Baukunst. Seine Ränge boten 80 000 Zuschauern Platz, die hier an Gladiatorenkämpfen und Tierhatzen Vergnügen fanden.

An der Via dei Fori Imperiali, die Mussolini 1930 quer durch das Ruinenfeld schlagen ließ, liegen die so genannten **Kaiserforen** (F/G 5/6, s. S. 68). Als das Forum für die Weltstadt Rom zu klein geworden war, legten die großen Kaiser, darunter Augustus, Trajan und Vespasian, nach dem Vorbild des Forum eigene Marktplätze an. Beeindruckend die Trajansmärkte mit einer Art Kaufhaus der Antike, einem gut erhaltenen, sechs Stockwerke hohen Halbrund (Eingang an der Via IV Novembre, Di–So 9–18 Uhr, im Winter bis 16.30 Uhr, Eintritt: 8 €), und die 40 m hohe Trajanssäule, die das Trajansforum zierte.

**Dauer:** 1,5 Std.

## Zu Besuch beim Papst

Die Zeit der Identität von weltlicher und kirchlicher Macht, die Zeit des von Päpsten regierten Kirchenstaats endete in Italien erst 1870, nachdem Garibaldi und seine Recken das Land geeint und piemontesische Truppen Rom besetzt hatten. Papst Pius IX. verstand die Welt nicht mehr und zog sich in seinen Palast im Vatikan zurück. Das Verhältnis von Kirche und Staat war fortan gespannt – bis zu den Lateranverträgen, die Mussolini 1929 mit Pius XI. abschloss und denen er die von der Engelsburg bis zum Petersdom führende ›Straße der Aussöhnung‹ widmete; die 100 m breite Via della Conciliazione wurde aber erst nach dem Ende des Faschismus fertig gestellt.

Dieser Zugang, dem alte Viertel weichen mussten, mündet in die **Piazza San Pietro** (B 4, s. S. 71). Die Ellipse mit ihren 284 Säulen, in Viererreihen zu Kolonnaden angeordnet, konzipierte Bernini 1656 – um einen Obelisken in der Platzmitte herum, ein Beutestück der ›alten Römer‹ aus Heliopolis.

Quasi aus dem Bernini-Platz heraus steigt ein trapezförmiger Aufgang zur Fassade des Petersdoms an, die 1607–14 von Maderno geschaffen wurde. Gut 100 Jahre zuvor – unter Papst Julius II. – war der Bau dieser majestätischsten und bis 1989 größten Kirche der Christenheit begonnen worden, auf den Mauern der 324 von Kaiser Konstantin gestifteten Kirche über dem Grab des hl. Petrus. Bedeutende Architekten wirkten hier: erst Bramante, dann Michelangelo, der die Kuppel schuf.

Im **Petersdom** (A/B 3/4, s. S. 73) ist alles beeindruckend, angefangen bei den Ausmaßen des knapp 115 m breiten und gut 45 m hohen Baus – die von Michelangelo geschaffene Kuppel endet 132 m über Bodenhöhe. Dann die Ausstattung: die Bronzeportale und die Skulpturen von Karl dem Großen und Kaiser Konstantin in der Vorhalle, die Heilige Pforte, nur alle 25 Jahre geöffnet, die mächtigen, mit vielfarbigem Marmor geschmückten Kirchenschiffe, die reich verzierten Altäre, der bronzene Baldachin über dem Hauptaltar. Daneben Zeichen schlichter Frömmigkeit: der von – im Glauben an wundertätige Kräfte – millionenfacher Berührung abgenutzte Fuß der Bronzestatue des hl. Petrus, die Pietà des Michel-

**Krönung eines Rom-Besuchs: Audienz beim Papst**

angelo, seit einer willkürlichen Beschädigung hinter Panzerglas verbannt, die Reliquienaltäre im rechten Seitenschiff oder der Heilige Stuhl, der in einen Bronzerahmen eingefügte wurmstichige Lehrstuhl des hl. Petrus, in der Apsis.

Die **Krypta** soll das Petersgrab beherbergen und ist auch Ruhestätte der letzten Päpste. Verlässt man hier das Kircheninnere, so findet man außen den Zugang zur Kuppel: Neben dem rechten Seitenschiff fährt ein Lift zum Dach, von dort geht es zu Fuß in einem Wendelgang bis zur Laterne der Kuppel empor. Der grandiose Blick über Rom entschädigt für das Gedränge der Besucher.

Dann die **Vatikanischen Museen** (A/B 3/4, s. S. 78): Wer den Eingang an der Nordseite hinter sich gelassen hat, steht vor einer Flucht von Sälen – mit einer kaum zu erfassenden Fülle an Sehenswertem. In den ersten Sälen ist die Pinakothek untergebracht – Gemälde vom 11. Jh. bis zur Moderne, von Leonardo da Vinci und Michelangelo, Raffael und Caravaggio, Bellini und van Dyck. Dann folgen mehrere Museen zu antiker, profaner und sakraler Kunst und Kultur u. a. das Museo Pio Clementino mit der Laokoon-Gruppe, das Ägyptische Museum sowie die Vatikanische Bibliothek und die prächtigen Borgia-Gemächer Papst Alexanders VI.

Wer noch mehr sehen und etwas über die Vorstellung von Menschen, Gott und Welt zur Zeit **Raffaels** erfahren möchte, der besuche dessen **Stanzen** (s. S. 78).

Schließlich die **Sixtinische Kapelle** (s. S. 78), ein Meisterwerk der Renaissancekunst, ein ›Olymp‹ alt- und neutestamentarischer Figuren: Michelangelo prägte die Innengestaltung. Von ihm stammen u. a. die Deckenfresken zur Schöpfungsgeschichte (1508–12) und die Darstellung des Jüngsten Gerichts hinter dem Altar. Seit der umstrittenen Restaurierung der Kapelle ähneln sie wieder, so die Restaurateure, dem ursprünglichen Werk… und dann wird's Zeit für einen Espresso. Entspannung findet man in den Vatikanischen Gärten (nur mit Führung jeden Di, Do, Sa ab 9.30/10 Uhr, Dauer 2 Std., meist auf Ital./Engl. Eintritt: 9 €. Vorbestellung mindestens vier Tage vorher unter Tel. 06 69 88 44 66 oder Fax 06 69 88 50 61.).

**Dauer:** 4 Std.

## Römische Treffpunkte – Plätze und Brunnen

Auf der Liste der Rom-Klischees stehen die Namen einiger Plätze und Brunnen ganz oben. Piazza Navona, Fontana di Trevi oder Spanische Treppe haben einen fast mystischen Klang. Und ohne jemals dort gewesen zu sein, kennt man diese Orte bereits, weil sie in zahlreichen Filmsequenzen als Kulisse herhalten mussten. So sind sie zu internationalen Treffpunkten geworden, zu Schaubühnen, auf denen die Inszenierung römischen Alltagslebens und die Erfüllung touristischer Sehnsüchte auf eigenartige Weise miteinander verschmelzen.

Man muss diese Orte erlebt haben, sie stehen für Rom wie der Hyde Park für London und der Broadway für New York. Beginnen wir auf der verkehrsberuhigten **Piazza Navona** (D 4/5, s. S. 71), einem der schönsten Plätze der römischen Altstadt. Seine ovale Form erinnert noch an das Stadion, das Kaiser Domitian hier im 1. Jh. anlegen ließ. Im 17. Jh. erhielt die Anlage ihre barocke Gestalt – und den herrlichen Brunnen von Bernini, die Fontana dei Quattro Fiumi. Auch dieser Platz ist eine Bühne des Lebens, Alt und Jung treffen sich am Brunnen oder in den lebhaften Straßencafés.

Wesentlich kleiner ist die nahe **Piazza della Rotonda** (E 4), die vom altehrwürdigen Pantheon (s. S. 71), dem größten Rundtempel der Antike, beherrscht wird – wohl die einzige Kirche Roms, in die es hineinregnet. Den Weg zum nächsten Muss im Besuchsprogramm sollte man über die Piazze Montecitorio und Colonna nehmen – beide mit eindrucksvollen Säulen geschmückt: die Piazza Montecitorio mit dem Obelisken Psammetichs II. aus dem 6. Jh. v. Chr., ein Beutestück der Römer, die Piazza Colonna mit der Säule des Marc Aurel, wie die des Trajan auf dem Forum mit einem spiralförmigen Fries verziert, der von den kriegerischen Heldentaten des Kaisers erzählt. Im Übrigen haben die Plätze wenig Vergnügliches zu bieten, denn hier wird Politik gemacht: Im Palazzo Montecitorio tagen die Abgeordneten, und im rötlich getünchten Palazzo Chigi hat der italienische Ministerpräsident das Sagen.

**Ruhepunkt mitten im Getriebe: die Spanische Treppe**

Die **Fontana di Trevi** (F 4, s. S. 68) ist Roms berühmtester Brunnen. Hierher kommt jeder Rom-Besucher, denn wer eine Münze in den Brunnen wirft, kehrt nach Rom zurück. Man drehe sich also um und befördere ein paar Cent mit der linken Hand über die rechte Schulter in das Becken. Man kennt die Szene aus dem Film »Drei Münzen im Brunnen«. Noch berühmter das nächtliche Bad, das Anita Ekberg im Fellini-Streifen »La Dolce Vita« im Trevi-Brunnen nahm, eine Szene, die Deutschlands Super-Model Claudia Schiffer 1995 nachstellte.

Nicola Salvi schuf den Brunnen 1732–51: Neptun steht an der Rückwand in einer Nische auf einer Muschel, gezogen von zwei von Tritonen gelenkten Seepferden. Zu beiden Seiten allegorische Figuren, die Reinheit (rechts) und Überfluss verkörpern.

Man sollte einen kleinen Umweg machen und dem **Antico Caffè Greco** (F 3, s. S. 41) in der Via Condotti einen Besuch abstatten. Alle Schriftsteller, die in Rom weilten, kehrten in diesem 1760 eröffneten Lokal ein – schon Goethe schwärmte davon.

Die von der Kirche Trinità dei Monti überragte, barock anmutende **Spanische Treppe** (F 3) übt auf Passanten eine magische Anziehung aus – kaum jemand, der sich nicht für eine Weile auf den Stufen niederließe. 1723–25 errichtete Francesco de Sanctis den Aufgang nach dem Vorbild einer Freitreppe, die vom ehemaligen Ripetta-Hafen am Tiber heraufführte. Unterhalb der *scalinata* schmückte bereits vor dem Bau der Treppe ein schiffsförmiger Brunnen vom Vater des berühmten Bernini die heutige **Piazza di Spagna** (F 3, s. S. 71), deren Namensgeberin die nahe Spanische Botschaft ist.

Vom oberen Treppenabsatz genießt man einen herrlichen Blick über die Dachgärten der Palazzi ringsum. Weiter reicht der Blick vom Monte Pincio, auf dem die einst von Napoleon in seinem Italien-Feldzug akquirierte Villa Medici liegt, heute im Besitz der Französischen Akademie der Künste. Der Berg bietet eine Aussicht auf die Peterskuppel, die Piazza del Popolo, den Monte Gianicolo auf der anderen Tiberseite und bis zu Santa Maria Maggiore.

**Dauer:** 2 Std.

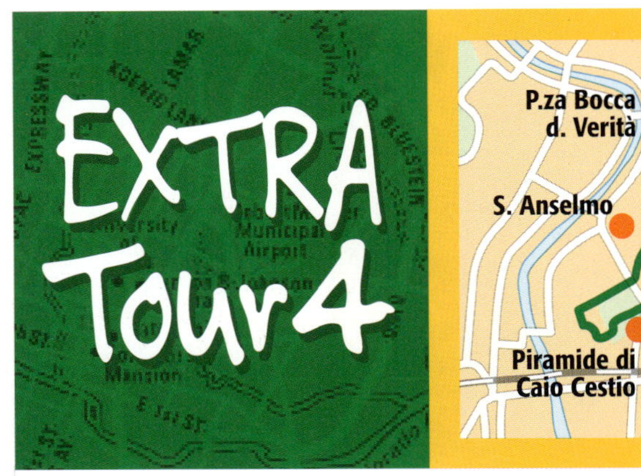


## Auf den Spuren von Rebellen und Freigeistern – Streiflichter eines anderen Rom

Seit der Antike finden sich in Rom immer wieder Beispiele des Widerstands gegen die Obrigkeit, gegen Unrecht und bürgerliche Lebensnormen. An zahlreichen Plätzen lebt die Erinnerung an mutige Aufrührer und Widerstandskämpfer, aber auch an stille Verweigerer oder Außenseiter weiter.

Bevor man den Aventin besteigt, um sich an überlieferte Ereignisse der Geschichte zu erinnern, sollte man jedoch der auf das 6. Jh. zurückgehenden Kirche Santa Maria in Cosmedin einen Besuch abstatten, in deren Vorhalle sich ein berühmter römischer Lügendetektor befindet: die **Bocca della Verità** (F 7, s. S. 75). Der runde antike Brunnenstein ist mit der Maske eines menschlichen Antlitz' verziert. Der geöffnete Mund beiße jede hineingestreckte Hand ab, die einem Lügner gehört. Vermutlich gäbe es in der Welt viel weniger Probleme und Unrecht, wenn man die Bocca della Verità sprechen ließe.

Hinauf auf den **Aventin,** einen der sieben Hügel des alten Rom. In der Antike war er als Ort reger Unbotmäßigkeit verrufen, denn hierher zogen im 4. und 3. Jh. v. Chr. die Plebejer, die aufständischen städtischen Handwerker und Händler. Sie legten die Versorgung des Zentrums lahm und zwangen die herrschenden Patrizier zu zahlreichen politischen Zugeständnissen. Noch heute heißt, wenn eine Fraktion aus dem Parlament zieht, ›Auf den Aventin gehen‹.

Nicht weit ist es bis zum nächsten Hügel, dem **Testaccio** (Nebenkarte, s. S. 65f.). Er wurde künstlich geschaffen, aufgeschüttet fast ausschließlich aus den Scherben und dem Müll des alten Rom. Im 19. Jh. trafen sich hier die Arbeiter. Sie schufen sich auf dem Berg ›ihre Wallfahrtsstätte‹ und pilgerten jeden Sonntag zu dem von ihnen errichteten einfachen Kreuz hinauf – Gläubigkeit, die keine Kirche brauchte und die der Obrigkeit ein Dorn im Auge war. So wurde der Zugang zum Hügel immer wieder verschlossen.

Auch heute darf man die antike Müllhalde offiziell nicht betreten – nunmehr jedoch aus anderen Gründen. Es gilt die ›Hobby-Ar-

**Noch immer intakt: Auf dem Markt im Viertel Testaccio geraten die italienischen Hausfrauen ins Einkaufsfieber**

chäologen‹ abzuhalten, die hoffen, beim Buddeln wertvolle römische Scherben, vielleicht sogar ein versehentlich weggeworfenes antikes Schmuckstück zu finden. Vom Hügel bietet sich eine Panoramasicht über Rom, hinüber zum Vatikan und im Süden bis zum EUR-Viertel.

Am Fuß des Testaccio liegt der ehemalige Schlachthof, der Mattatoio. Nach seiner Auflösung zogen hier allerlei Jugendgruppen, Musikbands und Künstler ein. Der Testaccio entwickelte sich zu Roms neuem Alternativentreff und zum Szeneviertel, und bis heute hat diese Gegend der Stadt ein multikulturelles Flair, wenngleich die römische Schickeria sie in der Zwischenzeit entdeckt und begonnen hat, sich in noblen Apartments einzunisten. Aber noch findet man alte Trattorien mit Lokalkolorit, noch prägen die In-Diskos das Bild nicht allzu sehr. Nostalgische Gefühle weckt der alte Stall, in dem die Fiaker-Pferde für die an der Piazza Venezia und am Trevi-Brunnen stationierten Kutschen untergebracht sind.

An der antiken Aurelianischen Stadtmauer, die bis zur Einigung Italiens 1870 die Stadtgrenze Roms bildete, findet man den **Protestantischen Friedhof** (Nebenkarte), auf dem all jene bestattet wurden, die sich nicht zum römisch-katholischen Glauben bekannten: Protestanten, Anglikaner, Freigeister, Muselmanen. Der Sohn Goethes, August, liegt hier begraben, die englischen Dichter Shelley und Keats ebenso, aber auch Antonio Gramsci, der Gründer der Kommunistischen Partei Italiens, sowie mehrere exilierte Führer islamischer Bewegungen.

Von hier führt die Via Caio Cestio zur **Porta di San Paolo** (Nebenkarte). Der Name der Straße erinnert an den reichen Geschäftsmann und Volkstribun, der sich am Stadttor ein letztes Ruhebett in Form einer **Pyramide** schuf, die später ein Kaiser erwarb. An die vielen Italiener, die sich der *Resistenza,* der Widerstandsbewegung gegen die deutsche Besetzung im Jahr 1943/44, angeschlossen hatten, erinnert an der Stadtmauer bei der Piazza di Porta San Paolo eine Marmorplakette.

**Dauer:** 2 Std.

## Trastevere – Ein Kultviertel

Untersuchungen zufolge nimmt Trastevere nach dem Vatikan und dem Kolosseum Platz drei im Bekanntheitsgrad der römischen Attraktionen ein. In gewisser Hinsicht war Trastevere seit dem Altertum ein Zentrum alternativer Lebensweisen und Kulturen.

Das Viertel ›jenseits des Tiber‹ lag in altrömischer Zeit außerhalb des eigentlichen Stadtgebiets. Seeleute, wanderndes Volk und Sekten, etwa die frühen Christen, fanden hier eine Bleibe. Santa Maria in Trastevere war im 3. Jh. das erste Gotteshaus, das die römischen Behörden duldeten, lange bevor Konstantin das Christentum zur Staatsreligion erhob.

Im 19. Jh. war Trastevere ein Arbeiterviertel. Zu den Arbeitern und Handwerkern gesellten sich – der erschwinglichen Mietpreise wegen – Künstler und später Studenten. Dann folgte, wie das so oft der Fall ist, die Schickeria. Als das Interesse von Firmen und Immobilienhaien an dieser Gegend erwachte und die Preise in die Höhe trieb, kam es hier in den 70er und 80er Jahren des 20. Jh. erstmals in Rom zu Hausbesetzungen. Doch sie konnten den Szenenwechsel nicht aufhalten. Gleichwohl sind Geschäftsleute und Gastwirte darum bemüht, Atmosphäre und Flair einer unorthodoxen und von der Muse geküssten Lebensweise aufrechtzuerhalten. Die Alteingesessenen halten übrigens zäh daran fest, keine Römer zu sein, sondern ›Trasteverini‹.

Wer am Sonntag kommt, sollte seine Viertelerkundung unbedingt auf dem Antiquitäten- und Trödelmarkt an der **Porta Portese** (D 7, s. S. 47) beginnen. Mit Glück findet man noch Originelles und Originäres. Nur einen Katzensprung entfernt liegt die Kirche **Santa Cecilia** (E 7): Die Heilige, der sie gewidmet ist, soll im 2. Jh. am Hof Marc Aurels geköpft worden sein, nach vergeblichen Versuchen, sie zu ersticken oder zu ertränken. Als man Cecilias Grab 1599 öffnete, fand man sie – so heißt es – ohne Kopf vor, aber im übrigen unverwest und in Hockstellung. Eine Altarskulptur im Kircheninnern stellt die Heilige dar.

Jenseits der Viale di Trastevere, die im 19. Jh. als Schneise durch das Viertel geschlagen wurde, findet man die kleine Piazza San Co-

**Atmosphäre und Folklore im Restaurant Meo patacca: Trastevere**

simato, auf der vormittags Markt gehalten wird (s. S. 47). In der gleichnamigen Via steht noch das berühmte Studentenlokal Capo de Fero, auf dessen Sonnendach in großen Lettern zu lesen ist »Qui i famosi rigatoni democratici«. ›Demokratische Rigatoni‹, Riesenteller mit billigen Nudelgerichten, serviert der Wirt bis heute.

Die Straße führt zur Hauptattraktion Trasteveres: Wo sich heute die Kirche **Santa Maria in Trastevere** (D 6, s. S. 75) erhebt, soll im Jahr 38 v. Chr. aus einer Wasserquelle plötzlich Öl geflossen sein und die Ankunft des Erlösers angekündigt haben. Die Fons Olei ist im Presbyterium durch ein Marmorgitter vor dem Hauptaltar gekennzeichnet. Das Gotteshaus ist ein Kleinod: Unter dem 1702 angefügten Portikus sind Plaketten, Reliefs und Inschriften aus dem alten Rom verbaut, im Innern findet man u. a. ein byzantinisches Apsismosaik aus dem 12. Jh. und eine holzgeschnitzte, vergoldete Decke. Verständlich, dass sich die Römer hier gern trauen lassen.

Im Herzen Trasteveres, in den verwinkelten Gässchen rund um die Kirche, lässt sich in Tante-Emma-Läden, traditionellen Bekleidungsgeschäften und Eisenwarenhandlungen, bei Stuhlmachern und in Reparaturwerkstätten das ursprüngliche Flair des Viertels noch erspüren. Daneben hoffen Antiquitätenhändler und Galeristen auf Geschäfte mit Touristen. Gleiches gilt für die unzähligen Kneipen, Bars und Szenelokale, die sich in die kleinen, oft unregelmäßig geformten Piazze drücken. Allein zwischen der Piazza Santa Maria in Trastevere und dem Ponte Sisto finden sich mehr als zwei Dutzend, von der einfachen Taverne Sisto nahe der Brücke bis zur feinen Fantasie di Trastevere mit Folklore-Bühne.

›Jenseits des Tiber‹ herrschte nicht nur die Armut. Am Rande des Viertels stehen zwei mächtige Palazzi: der Palazzo Corsini, Sitz der 1602 gegründeten, weltweit ältesten Wissenschaftsakademie, und gegenüber der Palazzo Farnesina, ein schöner Renaissancebau, den Bankier A. Chigi 1508–11 errichten ließ, um die Fürsten, Könige und Päpste gebührend zu empfangen, wenn sie sich bei ihm mal wieder Geld leihen wollten…

**Dauer:** 2 Std.

# Impressum/Fotonachweis

## Fotonachweis

**Hauke Dressler/Look,** München Titelbild, S. 42, 53, 55
**Max Galli/Look,** München S. 50/51, 54
**Erhard Pansegrau,** Berlin S. 36, 60/61
**Martin Thomas,** Vaals S. 32, 35, 46, 49, 59, 65, 70, 71, 74, 78, 79
**Fulvio Zanettini/laif,** Köln S. 1, 2/3, 4/5, 6/7, 8, 9, 10, 20/21, 25, 27, 29, 33, 41, 45, 57, 67, 75, 85, 87, 89, 91, 93

**Kartografie:** © DuMont Reiseverlag

Das Zitat S. 4/5 stammt aus »Der Tod in Rom« von Wolfgang Koeppen, Scherz & Goverts, Stuttgart 1954, © Suhrkamp, Frankfurt/Main 1975

**Aktualisierung**
Für die umfassende Aktualisierung dieser Ausgabe danken wir
**Caterina Mesina,** Rom

Alle in diesem Buch enthaltenen Angaben wurden vom Autor und der Autorin nach bestem Wissen erstellt und von ihnen und dem Verlag mit größtmöglicher Sorgfalt überprüft. Gleichwohl sind inhaltliche Fehler nicht vollständig auszuschließen. Ihre Korrekturhinweise und Anregungen greifen wir gern auf.
Unsere Adresse: DuMont Reiseverlag, Postfach 101045, 50450 Köln, www.dumontreise.de, E-Mail: info@dumontreise.de

Grafisches Konzept: Groschwitz, Hamburg

2. aktualisierte Auflage 2003

Druck: Rasch, Bramsche
Buchbinderische Verarbeitung: Bramscher Buchbinder Betriebe

ISBN 3-7701-5786-9

# Register